An Invitation to Emerging Market Business

新興市場ビジネス入門

Frontiers of international management

国際経営のフロンティア

今井雅和 著
Masakazu Imai

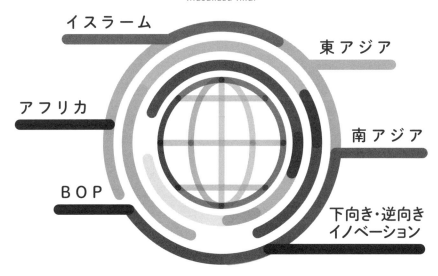

イスラーム
東アジア
アフリカ
南アジア
BOP
下向き・逆向き
イノベーション

中央経済社

はしがき

　2016年の新しい年が明けた。21世紀に入って，既に15年が過ぎたことになる。新興市場におけるビジネス活動を振り返ると，今日のビジネス環境が，20世紀の世界とは多くの面で様変わりしていることを強く印象付けられる。転換点は2000年前後となるが，実際は20世紀の最後の10年の準備期間を経て，21世紀に入り，具体的な変化となって現れたように思われる。

　その変化とは何か。もっとも大きな変化の1つは，世界のなかの新興国の位置付けである。20世紀はあらゆる面で先進国が世界の主役であった。しかし，21世紀に入ると，新興国，とりわけBRICsに代表される新興大国が政治，経済，ビジネスなど多くの面で頭角を現し，発言力が増したのである。それはなぜか。中近東や北アフリカの一部を除いて，国際紛争やクーデタ，内戦が目に見えて減少し，市場が機能する範囲が拡大したからである。経済発展から取り残されてきた地域に経済的離陸の機会が訪れ，継続的な成長が可能になったことが背景にある。

　15年あるいは25年といえば，時代が大きく変わるに十分な時間である。戦後史を振り返るならば，太平洋戦争の敗戦から19年後が東京オリンピック，25年後が大阪万博である。高度経済成長が終わる石油危機から15年後には，日経平均株価が最高値を付け，日本経済はピークを迎えた。「失われた10年」，「失われた20年」といわれるが，日本経済も，日本企業も大きく変わっている。外延的，量的拡大は期待できないし，すべきではないが，表面には見えにくい，内在化された変化が起きている。それを，いかに顕在化できるか，真価が問われているのではないだろうか。

　筆者の関心は，新興市場が世界経済のアリーナに登場し，国際ビジネスがどのように変化あるいは進化しているかである。すなわち，1つ目は，国際化の進展と技術進歩によって，新興市場におけるビジネス活動にどのような変化が生じているかである。2つ目は，新興市場の発展に伴って，多国籍企業のビジネス活動がどのように進化しているかである。3つ目は，新興市場において，

i

ビジネス活動が活発化することで，それらの国々の経済発展がどのように促進されているかである。これらの問題へのヒントを提示したいというのが，本書執筆の動機である。

　本書の内容は，まずは，新興市場におけるビジネス活動を意識しつつ，国際ビジネスの基本的な論点と現状を確認することである（第Ⅰ部）。グローバル化の現状，国際貿易と海外直接投資，国際化の意思決定，海外市場参入，それに国際経営組織についての基礎を学ぶ。次いで，第Ⅱ部では，国際ビジネス理論の進化について議論する。一見，二律背反と思われる対立命題を解決するなかで，企業は競争優位を獲得できるとの前提から，主に3つのフレームワークに焦点を当てる。それぞれの時期の常識を打破し，新たなパラダイムを提案してきた国際ビジネス研究とそのダイナミズムに触れる。そのうえで，国際経営のフロンティアとしての新興市場について，いくつかの論点から接近し，理解を深める（第Ⅲ部）。まずは，新興市場とは何か，その特徴は何かを確認する。そして，地理的接近として，東アジア，南アジア，アフリカの3市場，テーマ別接近として，イスラームビジネス，BOPビジネス，下向き・逆向きイノベーションといった，新たな分野，新たな論点を紹介する。

　本書の構成は，第Ⅰ部は国際ビジネスの概説ゆえに広範なトピックスを扱うが，各章のテーマに発展的に接近できるよう，連鎖的な構成になるよう工夫した。第Ⅱ部は，まずは，それまでの常識は何であったかを確認し，そのうえでその解決策となる新たなパラダイムを紹介し，最後にその後の課題と展望について議論する。第Ⅲ部は，新興市場の特定のトピックスに対するそれまでの否定的な常識を提示し，その常識に反する最近の動向を紹介し，最後に，残る課題とその後の展望を考える。また，本文とは独立したかたちで，コラムを配している。それらは重要であっても，紙幅の制約から，新たな章や節建てにしにくいテーマであったり，本文の理解を深めるための具体的事例であったりする。少し肩の力を抜いて読んでほしい。

　想定する読者は，まずは国際経営，多国籍企業，新興市場を学ぶ学部学生と大学院生である。国際ビジネスの初学者に新興市場とビジネス活動のダイナミズムを知ってほしい。それから，国際経営の現場に身を置くビジネスマン，新

興市場を担当し，新たなビジネスの構築を目指す実務家にも手に取ってほしい。「知るは喜びなり」を実感し，社会のさまざまな仕組みとその背景を知り，「なるほど」と納得できることの多い人生は幸せである。本書がその一助になれば，望外の喜びである。

　さて，本書の上梓は，多くの人びとのご理解とご支援の賜物である。まずは，快適な研究教育環境を提供してくれる，専修大学経営学部の先生方，とりわけ経営系列の先生方，そして，私の講義やゼミナールに出席してくれる学部生，大学院生である。また，研究活動の中心である，国際ビジネス研究学会の研究者の方々にも御礼を申し上げたい。最先端の研究成果に関わる学会での議論が，筆者の調査研究の動機づけになっている。また，早稲田大学名誉教授の江夏健一先生，桜美林大学教授の桑名義晴先生を中心とする国際ビジネスフォーラムでは，少数精鋭の内容の濃い議論から多くの示唆を受けている。

　なお，本書執筆のための調査研究は，科学研究費補助金（基盤研究（C）「ユーラシア市場の「比較劣位優良企業」の産業分析と戦略・組織能力に関する研究」2014-16年度，課題番号26380529および基盤研究（C）「新興市場におけるメタナショナル経営の事例発掘研究」2010-12年度，課題番号22530416など）や専修大学，同経営研究所の研究助成に負っている。記して感謝の意を表します。

　末筆ながら，出版事情厳しい中，本書の出版をお引き受け下さった中央経済社，そして出版に向け，価値ある提案をして下さった，同社経営編集部の酒井隆氏に深甚なる謝意を表します。ありがとうございました。

冬らしい寒さが訪れた自宅書斎にて
2016年1月15日

今井　雅和

目　　次

はしがき

第Ⅰ部　企業活動の国際化
——貿易投資と国際経営

第1章　国際貿易の深化

1 ｜ 経営資源の国際化 ——————————————— 3
2 ｜ 国際貿易の意義 ———————————————— 5
3 ｜ 国際分業の進展 ———————————————— 11

第2章　海外直接投資と多国籍企業

1 ｜ 輸出から現地法人設立へ ———————————— 16
2 ｜ 海外直接投資 ————————————————— 19
3 ｜ 多国籍企業とは何か？ ————————————— 22

第3章　国際化の意思決定とボーングローバル

1 ｜ 意思決定のポイント —————————————— 27
2 ｜ 漸進的な国際化 ———————————————— 30

I

3 ボーングローバル・カンパニー ──── 33

第4章　市場参入と集中・分散戦略

1 参入モード ──── 39
2 M＆Aともう1つのA（アライアンス）──── 42
3 集中と分散 ──── 48

第5章　国際経営組織

1 多国籍企業の組織研究 ──── 53
2 子会社の能力構築と役割進化 ──── 55
3 地域統括会社 ──── 59

第Ⅱ部　国際ビジネスモデルの進化

第6章　トランスナショナル・モデル
　　　　　──集中と分散の両立

1「二兎を追う者は一兎をも得ず」か？ ──── 65
2 トランスナショナル・モデル ──── 69
3 課題とその後 ──── 74

第7章　メタナショナル・モデル
　　　　　―外部経営資源の活用

1 ｜ 本国・本社の経営資源の絶対性？ ———————————— 76
2 ｜ メタナショナル・モデル ———————————————————— 78
3 ｜ 課題とその後 ———————————————————————————— 84

第8章　「ネオ国際ビジネス・モデル」
　　　　　―先進国市場と新興市場の両立

1 ｜ 先進国中心の経営？ —————————————————————— 87
2 ｜ 「ネオ国際ビジネス・モデル」 ———————————————— 89
3 ｜ ネオ国際ビジネス・モデルの構築に向けて ——————— 96

第Ⅲ部　国際経営のフロンティア
　　　　　――新興市場

第9章　新興市場の概要
　　　　　―ビジネス立地の進化

1 ｜ 新興市場とは何か？ —————————————————————— 101
2 ｜ 新興市場の発展と特徴 ————————————————————— 104
3 ｜ ビジネス制度と進化 —————————————————————— 106

第10章　東アジア市場

1 │ 暗黒のアジア？ ──────────── 114
2 │ 主要プレーヤー ──────────── 117
3 │ 韓国と台湾 ──────────────── 119
4 │ インドネシアとタイ ────────── 122

第11章　南アジア市場

1 │ 貧困の代名詞インド？ ──────── 127
2 │ 特徴的な経済開発モデル ────── 130
3 │ 経営思想と手法 ──────────── 135

第12章　アフリカ市場

1 │ アフリカでビジネス？ ──────── 138
2 │ 「最後のフロンティア」？ ────── 141
3 │ アフリカ市場参入と展望 ────── 147

第13章　イスラームビジネス

1 │ 政教分離，「経教」分離？ ────── 150
2 │ イスラームとは何か？ ──────── 152
3 │ 可能性と課題 ──────────── 159

第14章　BOPビジネス

1. BOP市場は国際ビジネスの対象外！ —— 162
2. BOPビジネスとは何か？ —— 165
3. 事例とヒント —— 169

第15章　下向き（フルーガル）・逆向き（リバース）イノベーション

1. イノベーションって何？ —— 173
2. 「下向き」と「逆向き」？ —— 175
3. 事例と展望 —— 179

索引　183

第 I 部

企業活動の国際化
——貿易投資と国際経営

第Ⅰ部で学ぶこと

　第Ⅰ部では，国際ビジネス全般について考える。国際ビジネスの研究対象はこれまで主に先進国市場と先進国の多国籍企業であったが，ここでは新興市場や新興国発の多国籍企業（新興多国籍企業）も意識しながら検討する。まずは，国際経営を取り巻く環境について，そして企業および企業活動が国際化するプロセス，さらには国際化が一定程度進んだ段階の国際経営の基礎を学ぶ。国際貿易と海外直接投資は国際経営の出発点である。そして，国際化の進展に伴って，国際経営のあり方も進化する。

　第1章では国際貿易の意義について議論する。また，国際分業の進展に伴い，複雑化する経営環境を学ぶ。第2章では海外直接投資を取り上げるが，前章の議論のとおり，国際貿易の深化とともに，両者は不可分の関係になっている。また，直接投資によって誕生し，国際経営の主体となる多国籍企業の実態に触れる。第3章は企業が国際化の意思決定を行う際の検討すべき事項とプロセスを解説する。また，生まれながらのグローバル企業，ボーングローバル誕生の背景も明らかにする。第4章は国際経営の基本戦略のなかの，市場参入方式および集中と分散のマネジメントについて論及する。自前主義に基づく市場参入に加え，他社の経営資源を活用するM&Aとアライアンスも紹介する。第5章は多国籍企業の組織研究の変遷とともに，海外子会社の位置付け，役割がどのように進化したかについて検討する。地域経営の担い手としての地域統括会社についても議論する。

第1章
国際貿易の深化

> **Key Words**
> 経営資源，市場機能，得意分野，対外開放政策，
> 工程間分業，モジュラー・アーキテクチャ，企業内貿易

◆はじめに◆

　国際貿易は文字どおり国境を越えたモノやサービスの売買であるが，紀元前のはるか昔から人の往来に伴ってさまざまな交換がなされてきた。まずは，経営資源の国際化の実態を確認したのち，国際貿易の意義について論じる。そして，現在進行する国境を越えた生産分業など，今日の国際貿易の特徴を解説する。国際貿易は先進国多国籍企業が，成長する新興市場の需要を満たし，成長の糧にするだけではない。新興国が自国の得意分野に特化した経済活動に従事することで，世界経済，地域経済の一翼を担い，自らの経済的離陸につなげるきっかけになる。国際貿易は新興国に経済発展の機会を提供しているのである。

1 経営資源の国際化

　まずは，企業[1]とは何かを手掛かりに，国際化社会の現状を企業活動との関連からスケッチしよう。企業を箱（ブラックボックス）に見立てるとわかりやすい。この箱には資本（カネ），従業員（ヒト），生産活動に必要な機械（モノ），技術などの無形資産（情報）が蓄積されている。そして，企業は他社や市場（顧客）とは利害を異にする，独立した存在である（**図表1-1**）。

　企業は，事業活動に必要な原材料（モノ）などを仕入れ（インプット），自社製品（サービス製品を含むモノ）を生産（変換）し，販売（アウトプット）する。そのように理解すれば，投入産出（インプット・アウトプット）システムとしての企業が目に浮かぶのではないか[2]。次に，企業は，コストをかけて組織内にヒト，モノ，カネ，情報を蓄積し，活用することで，インプットを加

図表1-1◆ブラックボックスとしての企業：3つのシステム

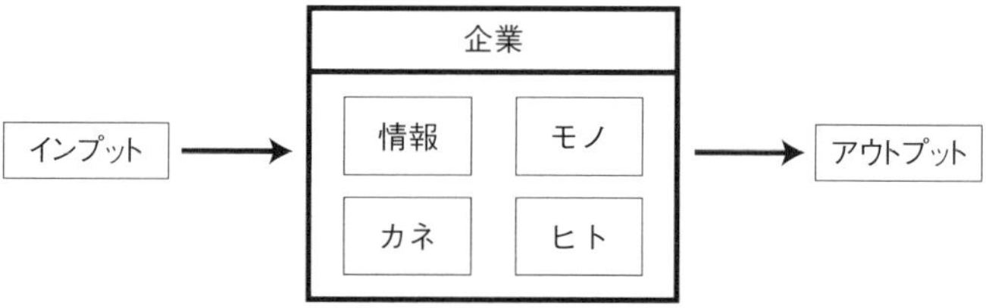

```
          ┌─────────────────┐
          │      企業        │
          │  ┌────┬────┐   │
インプット →│  │情報│モノ│   │→ アウトプット
          │  ├────┼────┤   │
          │  │カネ│ヒト│   │
          │  └────┴────┘   │
          └─────────────────┘
```

(1) 投入産出システムとしての企業
(2) 付加価値創出システムとしての企業
(3) 組織システムとしての企業

(出所）筆者作成。

工し（付加価値創出），アウトプットにつなげる。当然ながら，コスト以上の新たな経済的な付加価値を生み出さなければ存在意義がない（利益創出システム）。さらに，「企業は人なり」という言葉があるように，企業内のさまざまな活動を司るのはヒトである。個人と企業の目標を一致させ，社員の力を結集することで，個人ではなく，組織が主体となる経済的意味が生まれる（組織システム）。このように企業を3つのシステムの複合体と理解すると，企業および事業活動の大枠がわかる。企業に蓄積されたり，投入産出されたりする，ヒト，モノ，カネ，情報を経営資源という。次に，4つの経営資源が国境を自由に越える現状を確認することで，国際化社会についての理解を深めよう。

　まずは国境を越える移動が早くから行われ，現在ではほぼ主権国家の枠組み（国境）を越えて自由に移動するカネについてである。カネは，モノ[3]が移転し，その対価として支払われるのであり，逆方向に移転する。財やサービス，会社などの資産の所有権が国境を越えて移転するときに発生するのが，国境を越えるカネの移転である。通貨は国や地域によって異なり，決済のためには通貨交換が必要となる。国際決済銀行の調査[4]によれば，2013年4月の1日平均の為替取引は5.3兆米ドルとされる。この月の取引が平均的であり，年間取引日数を250日と仮定するとざっと年間1325兆米ドルとなる。他方，2013年の世界の財とサービスの輸出額は23兆米ドル，子会社などの設立のための直接投資額は1.5兆米ドルである。したがって，貿易と直接投資のための為替取引額の54倍もの外国為替取引が実行されていることになる。カネの移転のほとんどは，紙

幣自体が国境を越えるのではなく，金融機関の口座間の移転によってなされ，ほぼ障害なく移動するカネの自由さを垣間見ることができる。

　ヒトの移動についてみてみよう。2014年の実績で日本人の海外旅行者数は年間のべ1690万人，訪日外国人旅行者は1341万人である（国土交通省観光庁）。2013年の在留外国人は205万人であるが，うち永住者や定住者は約150万人で，約50万人が留学生，技能実習，企業内転勤，経営，教育などを目的とする滞在である（法務省）。他方，2012年の海外在留邦人は118万人で，永住者が40万人，民間企業関係者（家族を含む）が42万人，留学・研究者が17万人などとなっている（外務省）。ビジネス関係でいえば，1年以内の長期出張者や短期出張者数は捕捉できないが，かなりの数に上ることは疑いない。ヒトの国境を越えた移動も想像以上の規模ではないだろうか。

　情報（文化を含む）については，ヒトや貿易に付随して国境を越えるだけではなく，さまざまなメディアを通じて，他国の情報が紹介される。ボーダーレスやグローバル社会という表現（実体の有無）には注意を要するが，少なくとも表面的な文化や嗜好が世界的にいち早く共有されるようになった点は否めない。

　国境を越えるモノの移転が国際貿易である。本章のテーマである国際貿易については，次節で詳しく検討する。経営資源の国際化は，20世紀の世界ではほとんどが先進国間でなされ，発展途上国については天然資源を除いてそれほど問題にはならなかった。しかし，今世紀に入り，新興市場が世界経済のアリーナに登場し，新興国企業の存在感が急速に高まった。ヒト，モノ，カネ，情報の国境を越える移転は，先進国間に限定されることなく，新興市場を巻き込んで，世界規模に拡大している。

2 ｜ 国際貿易の意義

 市場取引と国際貿易

　まずは市場取引とは何か，その意味から考えてみよう。自由市場では，売り手も買い手も売買を強要されることはなく，自由意思で自らの効用（満足）を

最大化するために取引するし，取引しない選択肢もある。買い手は同一の製品やサービスであれば，安価な方を選択するであろう。価格が同じであれば，より付加価値が高い（と認識される）方を選ぶであろう。売り手から見れば，他社に比べて少しでも良いモノをより安く提供できるように，効果的かつ効率的なオペレーションの実現に努めなければならない。このように市場取引というのは，特定の権力者ではない，「神の手」に導かれた，より優れたモノを選択するプロセスと考えられる。企業は得意分野に力を入れ，不得手なところは他者に任せる方が効率的である。自由な交換を可能にする市場の本質はそこにある。経済学の用語を用いるならば，希少な資源を有効活用するための制度が市場であり，市場機能によって売り手と買い手双方の効用の最大化が実現する。

国際貿易は国境を越えた市場取引である。「グローバル社会」という言葉が人口に膾炙しているが，気候，天然資源の賦存，得意産業，有力な企業の分布は各国一様ではない。むしろ，それぞれの国の特徴，違いこそ重要である。例えば，バナナのような熱帯の果物を寒冷地で栽培しようとすれば，異常なほど

Column 1-1　価格の決まり方：アジア経営人材の報酬

価格は何によって決まるのだろうか。基本的には生産コストと競合状況によって決まる。継続的に生産コスト以下の価格で販売することは不可能であるため，それが下限価格と考えてよい。しかし，価格はコストプラスで決まるものでもない。競合する生産者の数，どのくらいの量が市場に供給されているか，市場のなかの自社の位置付けはどうかなどによって，価格は均衡点に収束する。

ここでは，アジアにおける賃金，報酬を雇用コスト（価格）として捉え，考えてみよう。一般事務職や工場の現業部門では，シンガポールと日本は他のアジア諸国に比べ，飛び抜けて高い賃金を払わなければ誰も雇用することはできない（物価水準，すなわち被雇用者にとっての生活コストが規定要因）。しかし，部長級の報酬額でみると，最近は日本とタイ，フィリピン，ベトナムなどの報酬額にそれほど大きな違いはない。役員クラスになるとこれら3カ国の報酬額は日本を上回るレベルとなる。これは，そうした役職につくことができる人材数がポジション数に比べ，大幅にひっ迫しているからである。これは人材の生産性（能力）や生活コストではなく，人的資源の競合状況が効いているからなのである。

高コストなものとなる。国内市場の規模や技術蓄積などの歴史的経緯（経路依存性）から、主要先進国も特定産業に強みを有し、必ずしもすべての分野が得意なわけではない。米国の航空機、日本の自動車、ドイツの化学などはそれぞれの得意分野であり、それらの企業は国内需要を満たすだけでなく、自国の優位性を活用し、外国市場へ自社製品を輸出すれば効率的なビジネスが可能となる。不得手な分野の製品は外国企業から良質で安価な製品を輸入すればよい。国際貿易によって資源が有効活用され、世界全体の経済厚生が高まる。国家レベルでも、企業レベルでも、得意な分野に特化して、不足部分は交換によって補い合おうというのが市場取引であり、国際貿易である。

これまでの議論から、経営学徒は組織と市場の類似性を想起しないだろうか。C.バーナードは組織を協働システムと定義付けた。組織は、分業と協業の場と捉えることができる。職能組織というのは成員が同一の仕事をするのではなく、例えば文系出身者は営業、理系出身者は技術開発というように、それぞれを得意分野に従事させ、人びとの強みを結合するところに意義がある。得意分野に特化し、全体の調整を図るという点で、組織と市場は似通っているのである（図表1-2）。

図表1-2◆得意分野なら誰にも負けない！

〈野球〉
- ヒットが打てて足の速い選手は外野で1番バッター
- 長打力のある選手は一塁手で4番バッター
- 長いイニング安定して投げられる投手は先発
- 短いイニングなら絶対抑えられる投手はクローザー

〈国際貿易〉
- 粗放農業で穀物を安く生産できる国はトウモロコシと大豆を輸出
- 高い農業技術がありICT（情報通信技術）を駆使できる国はバラとパプリカを輸出
- 作業が正確で賃金が低い国はシャツの縫製やICT製品の組み立て、輸出
- 高度な製品開発と生産技術を持つ国は高級スポーツカーと炭素繊維、それに新製品を輸出

第Ⅰ部　企業活動の国際化

> **Column 1-2　外国為替とは何か，イクスポジャーとは何か？**
>
> 　テレビや新聞などで日々，目にする外国為替レートとはいったい何だろうか。外国通貨と自国通貨の交換レートであるが，それぞれの国の競争力をバランスさせる役割を担っている。外国為替の取引を市場に委ねれば，競争力の高い国の通貨は割高に，低い国の通貨は割安になり，両国の競争力格差を縮小させるのである。いわば，徒競走をするときに，足の速い選手にはその程度によって重しを持たせ（割高の為替レート），足の遅い選手と同条件で競走できるようにする仕組みである。
>
> 　為替の変動は国際貿易に従事する企業に多大な影響を及ぼす。自社製品を輸出し，外貨建てで，例えば6カ月後に代金を受け取る場合（支払猶予期間をユーザンスという），6カ月後のレートの変動によって，自国通貨建ての手取り金額が変わる。自国通貨が割安になれば手取りは増え，割高になれば手取りが減ってしまう。問題は採算を確定できないところにある。為替予約は一定期間後の一定額の為替取引を事前に確定する手法である。
>
> 　為替リスクへの対応は国際経営の重要なポイントである。上記のような，特定取引による受け取り，支払いに関わる為替リスクを取引イクスポジャーという。日常的な国際ビジネス活動によってもたらされ，常に意識し，対応しなければならない。次に，決算時に国内外の子会社，関連会社の業績を連結するが（連結決算），その際の為替レートの変動に伴う影響を換算イクスポジャーという。キャッシュフローには関係しないが，決算に影響を及ぼす。第3に，多国籍企業は，海外子会社の設立を含め，世界各国に投資し，中長期的に投資資金を回収しつつ，業容を拡大する。各国の為替の変動は，投下資本の価値を左右する。これを経済イクスポジャーといい，経営者マターのもっともインパクトの大きな為替リスクである。リスクにさらされる金額と時期の特定が難しい点を指摘しておこう。

　国際貿易の成果

　ここでは国際貿易の具体的な意義と成果を経済発展と関連付けて考えてみよう。歴史を振り返ってみると，当初から天然資源と市場に恵まれた米国が唯一の例外で，欧州各国，日本，そして他のアジア諸国は，天然資源や販売市場を海外に求め，産業を振興する過程で自国も成長するという経済発展の経路をたどってきた。経済発展と国際貿易の相関は極めて高いのである。

産業を興(おこ)すためには欠如する生産要素（天然資源や技術）を海外に求めなければならない。それらを輸入するために必要な外貨を手に入れる必要があり，製品輸出によって外貨を獲得しなければならない。狭隘な国内市場への製品供給だけでは，事業拡大に必要な原資を蓄積することは困難で，海外市場への輸出拡大を目指すことになる。発展途上国はかつて外貨の流出を防ぐために輸入代替政策を採用したが，経済停滞を招き失敗に終わった。その理由の1つは，自らを世界から遠ざけてしまったことにある。国際貿易は単なるモノの移転に留まらず，世界の情報の獲得と結びついている。貿易の制限は日進月歩(にっしんげっぽ)の世界市場から自国経済を隔離し，周回遅れの製品が通用する遅れた市場と産業を温存することになるのである。

多国籍企業（生産拠点）の誘致と自国産業の振興のために，輸出志向の対外開放政策を組み合わせ，経済的離陸に成功したのが東アジア諸国であった。1970年代から1980年代にかけての新興工業地域（NIEs）4カ国，1980年代から1990年代にかけてのASEAN諸国，そして1990年代から2000年代にかけての中国である。例えば，かつて農産物の輸出国であった台湾は，工作機械などの資本財の輸入を通じて工業化を進め，産業構造の転換と高度化に成功し，今では有数のハイテク製品輸出国になった。また，国際貿易の進展に伴うグローバル化は貧困人口（1日当たり購買力平価換算1.90米ドル以下で暮らす人びと）の比率に大きな変化をもたらした（世界銀行）。中国の経済発展の影響が大きいが，1990年に61％であった東アジアの貧困比率は，2012年に7％にまで激減した。同時期のサブサハラ諸国が57％から43％の減少に留まったこととは対照的である。21世紀に入り新興市場が注目され，世界経済の安定化要因になっているが，その出発点に国際貿易への取り組みの変化があったといってよいであろう。

❸ 自由貿易の課題

自由貿易の利益は計りしれない。当該国，地域経済，世界経済にとって，自由貿易を推進すべきというのは，これまで人類が学んできた知恵といえる。しかし，もちろん，自由貿易には欠点や注意すべき事項もある。

まずは，幼稚(ようち)産業の保護である。ある時点の比較劣位によって，当該産業を

第Ⅰ部　企業活動の国際化

図表1-3◆マクドナルドの国別メニュー・国別対応

国名	メニュー	内容
サウジアラビア，UAE（アラブ首長国連邦），中近東	McArabia	グリルしたチキン・ビーフをピタパンで提供 野菜とガーリック入りマヨネーズでトッピング 各階分離（1階は汎用，2階は家族用のみ） 従業員はムスリムのみ
インド	McAloo Tikki Burger Maharaja Mac	ポテト，豆，スパイス入り野菜バーガー（ベジタリアン向け） マトン使用（ヒンドゥー向け［ビーフ以外］，ムスリム向け［ポーク以外］） 野菜マックナゲット（ローカルメニュー全体で75％を占める）
イスラエル	McShawarma	シャワルマでコーシャ肉をラップ（ユダヤ教徒用）
マレーシア	Bubur Ayam McD	チキン入りオートミール粥
韓国	Bulgogi Burger	ブルゴギマリネにポーク使用
チリ	McPalta	アボカドを主に，ポークを添えてサンド

(出所) Ghemawat, P. (2011), *World 3.0*, Boston, MA: Harvard Business Review Press, p.232, Shenkar, O., Y. Luo and T. Chi (2015), *International Business*, New York and London: Routledge, p.533を参考に筆者作成。

放棄すべきとは必ずしもいえない。各国ごとに発展段階に違いがあるからである。一定期間の猶予なしに自立できないというのは，産業も人間も同じである。もしも，それを認めないとすれば，日本の自動車産業も，韓国のエレクトロニクス産業も決して今のような形にはなっていなかった。

　自由貿易による格差拡大についても留意すべき点がある。21世紀に入り，新興国が自由貿易を通じて国際経済に参加するようになって，国家間の格差は目に見えて縮小している。この点は，強調してもしすぎることはない。しかし，このことと表裏一体に，これまで先進国で行われてきた業務が新興国に移転し，先進国でそうした業務に関わる雇用が失われ，先進国内の格差が拡大している。同様に，経済の国際化に乗り遅れ，経済的離陸を果たせない国が依然存在するし，新興国内でも新たに生まれた経済活動に参加できない人びとは発展から取り残されている。マクロの格差縮小とミクロの格差拡大が同時に進行している現実を忘れてはならない。

　さらに，自由貿易と環境保全，各国文化の保護，食品の安全性，人権問題とどのように折り合いをつけるかなど，難しい問題もある。**図表1-3**は，各国

の食文化の差異を示す例で，世界標準を旨とする自由貿易のハードルの1つとなる。しかしながら，自由貿易以外に解はない(5)のであり，これらの課題を最小化，中立化する努力を重ねつつ，経済自由化を進めるしかない。

3 国際分業の進展

 フラグメンテーション(6)（国境を越えた工程間分業）

　現代はグローバル時代であり，グローバル人材が求められているという。「グローバル化」という用語はともかくとして(7)（コラム1-3），距離と国境を一定程度克服し，国際化が大いに進んだというのは間違いない。ただし，国際化の進展は人類にとって初めての体験ではない。蒸気機関が実用化され，距離の克服が進んだ19世紀半ばを経て，第二次産業革命がピークを迎える世紀の変わり目は，第一期グローバル化時代といえるかもしれない。19世紀以前は，基本的に生産と消費は同一地域でなされた。しかし，19世紀から20世紀の初めにかけて，1次産品，2次産品ともに比較的容易に国境を越えるようになった。1870年の世界の名目GDP総額に占める輸出額は4.6%であったが，1913年には7.9%を占めるまでになったといわれる。その後，世界大恐慌，ブロック経済化，二度の世界大戦などがあり，1913年の貿易比率を越えるのは50年後の1960年代まで待たなければならなかった。人類は早くも100年前に「グローバル」時代を迎えていたのである。むろん，現在われわれが目の当たりにしているグローバル時代とは性格が異なる。R. ボールドウィンが「第1のアンバンドリング」と名付けたこの時代は，比較優位の産業を持つ国から，完成品が他国へ輸出されるという意味（工場と消費者の分離）での国際化だったのである(8)。

　現在，われわれが目の当たりにしているのは，生産工程自体が国境を越え，分散，配置される，フラグメンテーション（国境を越えた工程間分業）である。R.ボールドウィンの用語に従えば，「第2のアンバンドリング」となる。工業製品はさまざまな部品を組み立てて完成品になる。1つでも部品が足りなければ，製品化できない。素材，部品，部材の品質管理と安定供給に不安があれば，できる限り自社内で管理できるよう内製化する。20世紀の初めの米国の自動車

工場はほとんどすべての部品を内製化する超巨大工場であった。しかし，EUやASEANの地域統合と運輸技術の進歩によって制度的距離と物理的距離が縮まり，情報通信技術（ICT）が進展したことで生産工程の分散が可能となった。ICTによって，先進国企業の無形資産（技術，知識，ノウハウ）と新興市場の低廉(ていれん)な労働力を結びつけることが容易になったのである。その結果，生産工程とタスクを，国境を越えて配置し，国境を跨(また)ぐ形のサプライチェーンが可能になった。とりわけ，モジュラー・アーキテクチャ[9]が主流になり，部品と最終製品が軽量のエレクトロニクス製品において，こうした動きが広まった。多様性の高い東アジア（東南アジアを含む）は各国の特徴（強み）を活かして，生産活動に参画する余地が高い。そのため，東アジアでは，欧州や北米をはるかに超える形で，広範囲かつ高度な工程間分業が可能となり，各国の経済発展に寄与しているのである。

Column 1-3　グローバル化度はまだまだ低い！

世界の文化的（cultural），政治・行政的（administrative），地理・距離的（geographic），経済的（economic）な距離（distance）に隔たりが未だ大きいことを指摘したのは，P．ゲマワットであった（CAGEフレームワーク）。グローバル社会といわれるが，現実の世界はまだまだ距離による制約が大きく，それが価値観，行動様式の違いをもたらし，文化の独自性につながることを指摘した（「距離の脅威」という）。

近年，グローバル化が進展し，世界はフラット化したといわれる。しかし，データを冷静に分析するならば，グローバル化の程度はまだまだ低く，せいぜいグローバル化途上というのが正しい見方であるという。例えば，人に関わるいくつかの指標で，全世界の交流に対する国境を越えた人の交流，往来は多く見積もっても1ケタ台であるという。例えば，国際電話は2％，第一世代の移民は3％にすぎない。経済活動は若干比率が高くなるが，それでも10％台であるという。例えば，世界の実物投資に占める海外直接投資の比率は10％弱，国際貿易についても中間財貿易による重複を差し引けば20％に満たない。近年，「グローバル化」という言葉が日常化することで，人びとは国際化の程度を過大評価しているというのが実情なのかもしれない。

（出所）Ghemawat, P. (2011), *World 3.0*, Boston, MA: Harvard Business Review Pressおよび同氏のTEDでの講演（"Globalization and Globaloney," June, 2012）。

産業内貿易と企業内貿易

　古典的な国際貿易は、工業製品（といっても、かつては繊維製品が主流）に比較優位のある先進国と農産物などの1次産品の生産を得意とする発展途上国間で行われた。生産者はそれぞれの国の無数ともいえる数の中小規模の工場と農家であった。こうした産業間貿易が国際貿易の主体であった。

　しかしながら、現在の国際貿易の主要な部分を占めるのは産業内貿易である（図表1-4、図表1-5）。2013年の日中貿易を見ると、一般機械の日本の輸出が253億米ドルであるのに対し、輸入は306億米ドルとなっている。電気機器は日本の輸出が287億米ドル、輸入は510億米ドルである[10]。このことは何を意味するのだろうか。実は同じ一般機械といっても機械の種類（例えば、付加価値の程度）が異なったり、電子機器であれば完成品と中間財のように両国の得意分野が違っていたりするのである。このことは、先述のとおり、同一産業内の完成品の国際分業の進展であるとともに、かつて1つの工場のなかに配置された生産工程の一部が国境を越えて移転し、国境を越えた生産分業が起きていることを意味する（フラグメンテーション）。

　さらに、かつての国際貿易の主体は相互に独立しており、輸出業者と輸入業

図表1-4◆iPhone 3Gの付加価値分析（概数）

付加価値段階		立地	金額	内訳
商品開発・デザイン		米国（アップル）	$165	33%
生産コスト計		世界	$169	34%
	部品単価	日本	$61	12%
		ドイツ	$30	6%
		韓国	$22	4%
		米国	$11	2%
		その他	$48	10%
	組み立て	中国	$7	1%
物流・販売・アフターサービス		世界	$165	33%
小売価格			$500	100%

（注）商品開発等と物流等は不明ゆえ、筆者が便宜的に等分した。
（出所）Xing, Y. and N. Detert (2010), "How iPhone widens the US trade deficits with PRC," GRIPS Discussion Paper 10-21.

図表1-5◆貿易財別の東アジア域内輸出入シェア（2010年：％）

大分類	中分類	項目		日本	中国	韓国	台湾	ASEAN5	東アジア計
素材		食料飲料（原料，産業用）	輸出	8.6	9.7	2.3	1.6	77.8	100
		産業用資材，燃料（原料）	輸入	23.2	32.2	17.9	6.3	20.4	100
中間財	加工品	食料飲料（加工品，産業用）	輸出	26.5	17.2	15.7	10.2	30.5	100
		産業用資材，燃料（加工品）	輸入	14.5	32.1	13.3	8.9	31.2	100
	部品	資本財部品（除輸送機器用）	輸出	23.6	15.8	16.3	17.3	27.0	100
		輸送機器部品	輸入	10.8	41.8	9.2	8.1	30.1	100
最終財	資本財	資本財（除輸送機器用）	輸出	29.8	29.3	12.6	9.5	18.8	100
		産業用輸送機器	輸入	15.9	39.7	11.3	7.7	25.5	100
	消費財	食料飲料，乗用車，非産業輸送機器	輸出	14.6	49.8	5.1	4.9	25.6	100
		消費財（耐久，半耐久，非耐久）	輸入	46.3	14.4	9.6	5.5	24.1	100
総額			輸出	23.9	21.8	13.7	11.5	29.2	100
			輸入	17.5	34.3	11.2	7.9	29.1	100

（注1）輸出入比率に5％以上の乖離がある場合に網掛けとし，当該国の産業財別特徴を示した。
（注2）ASEAN5はインドネシア，シンガポール，マレーシア，フィリピン，タイの原加盟国。
（出所）日本貿易振興機構（2011）『ジェトロ世界貿易投資報告2011年版』75頁。

者は別法人であることが前提であった。しかしながら，現代の貿易においては，多国籍企業の親子会社の取引が国境を越えて活発に行われる企業内貿易がますます一般化している。国境を越えた企業内の完成品の生産分業，中間財（資本財，部品部材）生産を特定立地に特化した工程間分業の進展によって国際貿易が増え続けている。このように国際貿易は，企業活動の国際化と国際経営の進化によって，その前提も，形態も大きく変化しているのである。

★考えてみよう

1. 経営資源の国際化について，具体例を挙げて議論してみよう。
2. 得意分野への特化の意義は何か考えてみよう。
3. マクロの格差縮小とミクロの格差拡大とは何か，議論してみよう。
4. 東アジアの国際分業の実態を自動車やエレクトロニクスを例に整理してみよう。

★読んでみよう

1. 大野健一（2013）『産業政策のつくり方』有斐閣。
2. 黒岩郁雄編著（2014）『東アジア統合の経済学』日本評論社。

3．Ghemawat, P. (2007), *Redifining Global Strategy*, Harvard Business School Press.（望月衛訳『コークの味は国ごとに違うべきか』文藝春秋社，2009年。）
4．冨浦英一（2014）『アウトソーシングの国際経済学』日本評論社．

【注】
(1) 企業は，個人事業を含む，経済活動に従事するすべての主体を指す。会社は株式会社など，法的な手続きを経て法人化した，事業を行う主体であり，企業の部分集合である。
(2) ここでは製造業を前提に記述しているが，サービス業においてもインプット・アウトプットシステムとして企業を捉えることができる。
(3) モノと記述する場合，財とサービスの両方を含むものとする。
(4) Bank for International Settlement (2013), "Triennial Central Bank Survey: Foreign exchange turnover in April 2013, preliminary global results" を参照した。
(5) W.チャーチルは「民主主義は最悪の政治形態であるが，それはこれまでに試されたすべての形態を除いた場合である」といったが，それを「市場」に適用するならば，「市場は最悪の制度であるが，人類はそれに代わるものを発明していない」となろうか。
(6) かつて，1つの工場内で，垂直統合的に自己完結していた生産工程が，いくつかの工程に分割され（フラグメント化），複数の異なる工場でそれぞれ異なる生産工程を担当する。さらに，それらの工程が，国境を越えて複数の国に配置され，生産された部品や部材が組み立てられ，最終製品となる。
(7) P.ゲマワットは，世界がフラット化し，「グローバル社会（距離と文化を含むさまざまな制度が同質化した世界）」が実現したとの言説に対し，グローバル化は進展しているものの，グローバル化といえる領域は未だ限定的で，今日の世界はまだ「でこぼこ」した状態であると反論している。Ghemawat, P. (2007), *Redifining Global Strategy*, Harvard Business School Press（望月衛訳『コークの味は国ごとに違うべきか』文藝春秋社，2009年）を参照されたい。
(8) Baldwin, R. (2011), "Trade and industrialization after globalisation's 2nd unbundling: how building and joining a supply chain are different and why it matters," NBER working paper series, working paper 17716.
(9) モジュラー・アーキテクチャ（組み合わせ型の基本設計）は，部品・部材の組み合わせが比較的容易で自由に組み合わせても性能がそれほど落ちず，コスト低減の利点が大きい製品の設計である。他方，インテグラル・アーキテクチャ（すり合わせ型の基本設計）は，部品・部材を厳選し，組み合わせを最適化することで，高い性能を発揮させることが適当な製品の設計である。例えば，藤本隆宏・青島矢一・武石彰（2001）『ビジネス・アーキテクチャ』有斐閣を参照されたい。
(10) 日本貿易振興機構（2014）『ジェトロ世界貿易投資報告2014年版』。

第2章
海外直接投資と多国籍企業

> **Key Words**
>
> 現地法人，バリューチェイン，変換活動，直接投資，
> 社内ネットワーク

◆はじめに◆

　輸出は国境を越えたマーケティング活動の一部である。販売すべき財やサービスの生産，すなわち変換活動を，国境を越えて移転する時に，国際経営は本格化する。メーカーであれば，工場の開設である。工場の運営は，多数の従業員を雇用し，地域社会に溶け込む努力が必要である。海外直接投資はそのための国境を越えた資本投下であり，その結果，多国籍企業が誕生する。20世紀は，先進国多国籍企業がまずは他の先進国に進出し，その後は，発展途上国で生産活動に従事し，製品輸出を行うことで，途上国の経済的離陸のきっかけを作った。現在では多くの新興国発多国籍企業が誕生し，他の新興国のみならず，先進国に子会社を設立するようになった。

1 ｜ 輸出から現地法人[1]設立へ

　図表2-1はI.アンゾフの成長マトリックスである。企業が成長を志向する際に，2つの方向が考えられる。1つは自社製品に関して，既存製品のみで臨むか，それとも新製品を開発し，新たな事業へとつなげるかである。もう1つは市場であり，参入済みの既存市場においてシェア拡大による成長を目指すのか，それとも新たな市場への参入を図るかである。新規市場参入のなかには，本国内の異なる地区への進出もあるが，海外市場に販路を求めることもできる。後者の場合，最初は輸出による市場参入であっても，一定の成功を収めたのちは，現地市場への更なるコミットメントが必要になる。

図表2-1◆成長マトリックス

	既存事業	新規事業
既存市場	市場浸透	製品開発
新規市場	市場開拓	多角化

市場開拓 → 本国から海外市場へ → 輸出から現地法人設立へ

（出所）Ansoff, I. (1957), "Strategies for Diversification," *Harvard Business Review*, Vol. 35 Issue 5, Sep-Oct 1957.

　自社製品を本国から輸出し，代理店に現地販売を委ねるだけでなく，販売会社を設立することで，海外販売を伸ばすことはできる。しかし，拡販に成功し，現地市場のシェアが一定レベルに達すると，輸出による現地販売は頭打ちになる。現地企業の攻勢が強まるだけでなく，市場と顧客からの警戒感も高まるからである。また，消費財の場合，現地に生産拠点がなければ，ローカル市場のニーズに適応する商品の供給は困難であるし，在庫管理と物流上の制約も大きくなる。当該市場の重要度が高ければ高いほど，現地市場への生産進出が不可避となる。

　次に，企業内の職能との関連から，輸出と現地生産，それに海外事業全般について，整理してみよう。**図表2-2**はM.ポーターのバリューチェイン・フレームワークである。第1章で見たように，企業を，インプットをアウトプットに変えるブラックボックスと捉えた場合，企業内で何が行われているかといえば，下段の主要活動ということになる。すなわち，生産活動に必要な原材料

図表2-2◆バリューチェイン・フレームワーク

支援活動	全般管理				
	財務管理				
	人的資源管理				
	技術開発				
	調達活動				
主要活動	購買物流	変換活動・生産	出荷物流	マーケティング・販売	アフターサービス

（出所）M.ポーター著，土岐坤訳（1985）『競争優位の戦略』ダイヤモンド社.

を購買し，それを自社製品に変換（生産）し，製品を出荷し，マーケティング・販売によってアウトプットにつなげる。むろん，そうした主要活動を効果的かつ効率的に進めるための支援活動（スタッフ機能）が必要になる。全般管理を担う経営陣はもちろんのこと，カネ（財務管理），ヒト（人的資源管理），情報（技術開発），それにモノ（主要活動全般に必要な財の調達）の各分野から主要活動を支援しなければならない。

自社製品を輸出し，現地市場では代理店経由で販売するというのは，主要活動のマーケティング・販売機能のごく一部が海外に移転したにすぎない。代理店に代わり，販売会社を設立し，自ら現地市場の販売に従事するようになってようやく，マーケティング・販売の卸売機能が海外移転したことになる。しかし，それでもバリューチェイン全体から見ればごく一部である。

企業活動のなかで，自社製品を生み出す機能（変換活動）こそが事業の中心であるし，それはメーカーであれば生産活動になる。この部分を海外に移転することによって，初めて主要活動の主なる部分（部分的移転も含む）が海外移転したことになる。本格的な国際経営の始まりである。このような海外生産・販売子会社が一定数以上になれば，技術開発についても徐々に現地移転が必要になるし，さらには財務管理や人的資源管理，さらには全般管理についても，

Column 2-1　国際貿易と直接投資の関係

工業製品の生産が1つの工場で完結する場合を考えよう。もしそうであれば，自社製品の輸出国に生産工場を建設すれば，本国からの輸出は減少するはずである。国際貿易と直接投資は代替的な関係となる。

しかし，現地生産によって，販売量が増えると，不足分を本国から輸出し続けたり，高品質や生産しにくい特殊スペックの製品を本国から輸出し続けたりすることがある。また，現地生産の拡大に伴って，現地で調達できない製造機械やキーコンポーネント，素材の需要が高まり，本国からの輸出がむしろ増加する場合もある。このような生産分業が進展し，会社全体の販売量がさらに増えれば，現地生産のみならず，本国生産も増加する。本国は，完成品の輸出から資本財と中間財の輸出へと進化するのである。このように理解すれば，直接投資と国際貿易が補完的な関係になる背景が理解されよう。

本国にすべて集中させるのではなく，海外への一部移転が可能になる。

　少し議論が先走ったが，企業内のライン・スタッフ機能を整理したうえで，海外事業の進展に伴って，企業がどのように進化（進歩ではなく，環境変化に適応した「変化」を意味する）するか，国際経営の全体像が見えてきたのではないか。海外現地法人設立は国際経営の第一歩なのである。

2 海外直接投資

 ### 直接投資と間接投資

　投資とは資本を投下し，資本価値を高めようとする（キャピタルゲイン）行為であり，意に反して資本価値を減じたり，投下資本を喪失したりするリスクを伴う。投資に伴う利益はリスクを取ったことに対する対価と考えることができる。

　ところで，資本価値を高めるといっても，資本の投下先企業の経営に直接関与する場合もあるし，自らは関与することなく資本価値の上昇を待つこともできる。前者を直接投資，後者を間接投資という。債券や金融派生商品への投資が後者の典型例であり，間接投資は証券投資，ポートフォリオ投資と同義語である。株式投資の場合であっても，多くの場合は間接投資であろう。一般の個人による株式投資はもちろんのこと，会社などの機関による株式取得であって，出資比率がごくわずかであれば，実質的に経営に参画することは難しい。

　他方，長期的な視点から経営権を掌握（しょうあく）することを目的とする株式投資が直接投資である。子会社経由の孫会社への資本参加も，経営への関与が目的であれば直接投資である。要するに，自社の事業を拡大するために子会社や関連会社[(2)]を設立したり，買収によって手に入れたりして，経営に影響力を及ぼそうとするのが直接投資であり，海外市場での会社設立と外国企業および同事業の買収を海外直接投資という。

　しかし，直接投資と間接投資の分類は必ずしも明確ではない。国によって若干異なるが，通常出資比率が10%を超える場合を直接投資という。ただし，10%に満たない場合であって，経営指導や技術供与などの他の契約によって，

19

実質的に経営に関与することもある。他方、キャピタルゲインが目的であっても、投資先企業の経営に積極的に関与し、経営を立て直すことによって、それを可能にしようとする投資ファンドなどもある。明確な境界線を設定することは困難なのである。

直接投資統計の内訳

海外直接投資の動向はどのようにして統計的に捉えられているのだろうか。技術的なことに立ち入る余裕はないが、その内訳を理解することで、企業による海外直接投資の意味を理解することができると思われる。

1つは出資資本である。これは、当然のことで、新たに海外子会社を設立する場合は国境を越えて資本投下するわけであるし、それが自己資本となる。既存子会社への増資も、買収も同様である。

2つ目は利益の再投資である。100％出資の海外子会社のある年度の最終利益が全額配当に回されれば発生しないが、配当せずに内部留保として積み立てた分が利益の再投資となる。少しわかりにくいかもしれないが、考え方としては、本来、利益は株主である本社に戻すべきところ、戻さないのであるから、それは本社からの追加投資とみなすことができるというわけである。

3つ目は親子会社間貸借である。短期であれ、長期であれ、親子会社間の貸借に伴う債権債務は、本来であれば投資に当たらない。貸借と投資はコンセプトの異なるカネの流れである。しかしながら、多国籍企業はグループとして、統一された経営意思によって運営される。要は、たとえ国が異なっても、1つの屋根の下の家族なのである。そのため、増資よりも貸付の方が効率的（低コスト）であれば、企業は後者を選択するであろう。外部から見て、同一企業内のカネのやり取りを投資なのか、貸借なのか、明確に区別することはできない。そのため、国境を越えた企業内の貸借も直接投資に算入する。後年、子会社が債務返済した場合は、逆方向の直接投資として統計処理すればよいだけのことである。

現在では、ほとんどの国でこれら3つを分類し、直接投資を集計、発表している。企業の国際事業は国際貿易と海外直接投資を両輪として、拡大成長してきた。

海外直接投資の本国への影響

　企業が，海外事業を拡大するために，海外直接投資を増やし，本国での事業活動を縮小するならば，それは本国政府にとって由々しき問題である。事業活動の縮小は，国内で生み出される付加価値の減少を意味し，雇用と税収の縮小に直結するからである。円高のたびごとに海外への生産移転が進み，国内の雇用が失われるとして，空洞化に対する懸念が表明されてきた。**図表2-3**は1996年末から2014年末までの日本の対外直接投資残高をグラフ化したものである。年々増加し，約20年で5倍近くになった。失われた20年といわれるように，日本経済はバブル崩壊後，長期に亘って成長が止まっている。これは日本企業の国際化が原因なのだろうか。

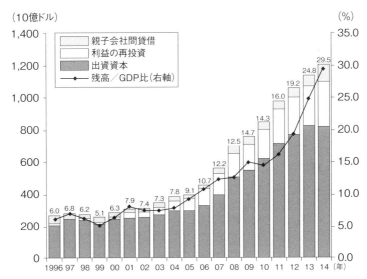

図表2-3◆日本の海外直接投資残高

（出所）日本貿易振興機構（2015）『2015年版ジェトロ世界貿易投資報告』，31頁。

　上記の懸念にもかかわらず，これまでのさまざまな研究が明らかにしてきたことは，むしろ逆である。事業構造の転換に積極的な会社は，事業の国際化にも積極的であり，その結果，東アジア地域全体で適切な生産分業が実現してい

る。会社全体の売上が伸び，結果的に日本国内の売上や雇用も増加しているのである[3]。日本企業を3つのグループに分けると，生産性が高いのは直接投資によって海外事業に従事する会社であり，次が輸出によって海外市場に参入する会社，生産性が低いのは国内に留まる会社の順になる[4]。そして，生産性の高い会社は直接投資によって，さらに生産性を向上させている。企業全体の生産性が向上すれば，日本国内で行うべき事業活動も維持，拡大し，雇用も増加するというわけである（拡大均衡）。それは，生み出される付加価値のレベルによって，それぞれ最適な立地で生産活動を行っているからである。さらには，さまざまな形で，海外から新しい経営知識や技術を吸収できる利点もみのがせないし，競争力の向上につながっている。

ところが，直接投資による国際化には，多大なコスト負担が必要である。本国内に比べ高度な不確実性に対処したり，事業構造を転換したりするためには，一定以上の固定費を負担しなければならない。その負担に耐えることができない会社は，国内に留まり，さらに競争力を毀損する結果となる。経営環境が国際化することによって，企業間の格差がより明らかになり，一部企業，一部地域においては産業と雇用の縮小という現実に直面せざるを得ないのである。

3 多国籍企業とは何か？

多国籍企業の名称は50年以上前の造語であるが，戦前にも複数国に拠点を保有する会社は存在した。いったい何が違うのだろうか。第二次大戦後，米国の大企業はこぞって欧州に進出し，現在の多国籍企業を形作った。大きな違いは2点ある。1つはメーカーが主要活動である生産機能を移転して，欧州に工場を設置したことである。もう1つのより重要な点は，親会社と子会社が統一された指揮命令系統のもと，国境を越えた社内ネットワークを形成し始めたことである。戦前は，親会社は子会社の配当にのみ関心があり，事業運営の全体最適を図る態勢にはなっていなかった。

多国籍企業の定義は必ずしも明確ではない。もっとも緩やかな定義は国連貿易開発会議（UNCTAD）による本国以外に子会社か支店を1カ所以上保有する会社である。それに対し，大企業であることや海外拠点を数カ所以上保有す

ることを条件とする分類もある。ただし，その場合も，大企業の定義や海外拠点数をどのように定めるか，その妥当性の如何（いかん）が問題になる。

多国籍企業であるかどうかの判断基準としては，3つ考えられる。1つは組織構造を基準とするもので，在外子会社数や所有形態などで客観的に判断できるし，もっとも一般的な分類である。2つ目は経営成果によって判断しようとするものである。例えば，本国と本国以外の売上高，資産額，従業員数，あるいはその比率によって評価するものである（**図表2-4**）。これらは客観的に評価できる強みがあるが，形態や成果だけで十分な判断が可能かどうかがわからないという弱点がある。

図表2-4◆多国籍企業の国際化度（2013年）

順位	会社名	資産額(10億米ドル) 外国	比率	売上高(10億米ドル) 外国	比率	従業員数(人) 外国	比率	平均国際化度
1	ジェネラル・エレクトリック	331.2	50.4%	74.4	52.0%	135,000	44.0%	48.8%
2	ロイヤル・ダッチ・シェル	301.9	84.4%	275.7	61.1%	67,000	72.8%	72.8%
3	トヨタ自動車	274.4	68.1%	171.2	66.8%	137,000	41.1%	58.6%
4	エクソン・モービル	231.0	66.6%	237.4	60.8%	45,216	60.3%	62.6%
5	トタル	226.7	94.9%	175.7	77.1%	65,602	66.4%	79.5%
20	ホンダ	118.5	78.0%	96.1	81.3%	120,985	63.6%	74.3%
21	三菱商事	112.8	75.8%	17.6	23.3%	19,790	30.0%	43.0%
26	日産自動車	95.2	66.6%	81.2	77.6%	93,240	58.1%	67.4%
34	三井物産	86.0	80.4%	22.2	38.8%	36,291	80.4%	66.5%
60	住友商事	49.7	58.9%	17.4	52.5%	56,867	76.9%	62.8%
75	ソニー	42.2	28.3%	55.6	71.7%	94,071	64.3%	54.8%
82	丸紅	40.7	57.6%	45.0	64.0%	22,031	65.6%	62.4%
88	伊藤忠商事	37.1	48.6%	17.5	31.7%	47,269	61.0%	47.1%
99	日本たばこ	34.1	75.9%	11.6	48.6%	24,397	49.3%	57.9%

（出所）UNCTAD（2014），World Investment Report 2014, Web table 28.

3つ目が定性基準に基づく分類である。多国籍企業は，国内企業と異なり，世界中で事業活動を展開する企業である。たとえ海外に子会社が多くとも，海外資産比率が高くとも，経営の主体が本国人のみで，重要な経営判断がすべて本国で行われるとすれば，経営内容の点から国際ビジネスを代表する会社といえるだろうか。H.V.パールミュッターらは，多国籍企業を経営者の姿勢により，本国志向，現地志向，地域志向，世界志向の4類型に分類した（EPRGプロ

> **Column 2-2　代表的多国籍企業トヨタ自動車のプロフィール**
> （2015年3月現在）
>
> 1．2015年3月期業績
>   売上高　　27兆2345億円
>   （主な地域別内訳は，日本8.3兆円，北米9.4兆円，欧州2.7兆円，アジア4.5兆円）
>   営業利益　2兆7506億円
>   （主な地域別内訳は，日本は1.6兆円，北米5845億円，欧州811億円，アジア4218億円）
> 2．従業員
>   本体　　　70,037人
>   連結　　　344,109人
> 3．海外統括管理拠点
>   米州　　　3カ所
>   欧州　　　1カ所
>   アジア　　3カ所
> 4．販売・サービス拠点数
>   　　　　　160以上の国と地域
> 5．海外生産拠点
>   北米　　　11工場
>   欧州　　　11工場
>   アジア　　24工場
>   合計　　　28カ国54工場
> 6．海外研究開発拠点
>   米国　　　2カ所
>   欧州　　　3カ所
>   アジア　　5カ所
>
> （出所）トヨタ自動車（株）ウェッブサイト「企業情報」
> 　　　（http://www.toyota.co.jp/jpn/company/about_toyota/）2015年12月26日にアクセス。

ファイル)[5]。多国籍企業の本質に切り込む重要な視点ではあるが，客観性に欠けるという制約もある。

　かつての多国籍企業は国の政策に大きな影響力を及ぼすような巨人と考えられた。もちろん，巨大多国籍企業が本国のみならず，世界にもたらす影響は甚

大である。しかし，その一方で，海外事業に従事する会社がそうした巨大多国籍企業に限定されなくなっていることも事実である。中堅企業はもちろんのこと，中小企業による海外子会社設置も一般的であるし，設立直後のスタートアップ企業がほぼ同時に海外展開する例も増えている（第3章）。

　また，今世紀に入ってからの特筆すべき現象として，多国籍企業は実質的に先進国の大企業という前世紀の常識も崩れるようになった。新興国企業が競って多国籍化しているのである。私企業はもちろんのこと，政府系企業も同様である。国際ビジネスの主体である多国籍企業の多様化がますます進展している。その結果，企業と進出国の関係はより双方向的，重層的，多面的になっている。企業活動とビジネス立地の双方向の働きかけによって，双方が急速に進化し続けているのである。

Column 2-3　世界は多国籍企業をどのようにみてきたか？

　国内総生産（GDP）額に従って各国をランキングし，企業の売上高を比較すると，最大の売上高企業は20位前後となる。また，多国籍企業は本国のみならず，世界各国に子会社を保有し，経済活動のみならず，世界の政治，社会，文化に多大な影響を及ぼす存在とみなされる。

　そうした多国籍企業を見る目は，年代によって大きく揺れた。1970年代から1980年代にかけては多国籍企業に対する敵意が世界で高まる一方，恐竜になぞらえ，その巨大さゆえに滅びゆく存在とさえ考えられた。1980年代から1990年代にかけては先進国，発展途上国を問わず，自国の経済発展を促す主体とみなされるようになり，誘致合戦が始まった。世紀の変わり目頃は，巨大企業間のM&Aが進展し，さらに巨大な多国籍企業が次々と誕生し，警戒感が高まった。しかし，その後のITバブル崩壊，リーマンショックなど，規模が経営能力に直結しないことがわかってきた。現在は，巨大多国籍企業を中立的な立場と捉えることができるようになったように思われる。

　ところで，政治と経済の関係はどのように捉えるべきか。確かに，経済が社会インフラとして，政治のあり方を規定することは多い。しかし，経済主体が社会の一員であることも事実であるし，何よりも日々市場によって，監視される立場でもある。日常的には経済が政治を規定するというのは正しいが，有事や決定的な状況においては経済が政治や社会に従属するのではないだろうか。

★考えてみよう

1. 企業が海外市場に主要活動を移転する背景について，外部環境（受入国）と内部環境（戦略ほか）に分けて，考えてみよう。
2. 主要国の対内・対外直接投資の実績を比較してみよう。
3. 多国籍企業を1社選び，事業ごとに，進出国と活動内容を整理してみよう。

★読んでみよう

1. UNCTAD, *World Investment Report*, each year.
2. 清田耕造（2015）『拡大する直接投資と日本企業』NTT出版。
3. 日本貿易振興機構『ジェトロ世界貿易投資報告』，各年号。

【注】

(1) 現地法人は，株主が海外の親会社であるから，海外の親会社による経営支配を受ける立場にあるが，投資受入国の法律に基づき，その国の会社として設立され，当該国の会社として活動する点に留意したい。
(2) 基本的には，子会社は50％超出資している会社，関連会社は20％以上50％未満の出資会社である。関係会社は子会社と関連会社を合わせた名称である。
(3) 天野倫文（2005）『東アジアの国際分業と日本企業』有斐閣。
(4) 清田耕造（2015）『拡大する直接投資と日本企業』NTT出版。
(5) Heenan, D.A. and H.V. Perlmutter（1979）, *Multinational Organization Development*, Addison-Wesley Publishing Company, Inc.（江夏健一・奥村皓一監訳『グローバル組織開発』文眞堂，1990年。）

第3章
国際化の意思決定とボーングローバル

Key Words

中小・中堅企業，外部環境，内部環境，漸進的国際化，国際化段階説，ボーン・アゲイン・グローバル

◆はじめに◆

　まずは，経営者が事業の国際化を検討し，意思決定する際のポイントとその前提となる社内外の環境について検討する。次いで，国際経営の進化とそのプロセスについて，国際化段階説を紹介しながら議論する。また，世紀の変わり目前後から，散見されるようになった，助走期間を経ず，企業設立とほぼ同時にグローバル化を進めるボーングローバル・カンパニーの実態とその背景について考える。日本の中小・中堅企業の進出先は圧倒的にアジアの新興市場が多い。現在進行中の新興多国籍企業による国際化の意思決定と国際化プロセスは今後の重要な研究テーマとなる。

1 意思決定のポイント

　まずは国際経営とは何か，本国内に留まる国内経営と比較しつつ，その特徴について考えてみよう。国際経営といっても企業経営であることに変わりない。自社の特徴を活かし，ライバル企業との競争を優位に進めるため，経営理念を社員と共有し，社員が会社と自身の目標を合致させることができるよう内部統合を実現しなければならない。その意味で両者に違いはない。もう1つの同一性は，国内経営といっても国際的な視点が不可欠であるということである。国際化社会にあって，海外市場の動向は国内に影響を及ぼすし，外国勢の国内市場への参入も日常的である。国際経営はもちろんのこと，国内に留まる場合も世界の動向に留意する必要がある。

　他方，国際経営は国内経営にない難しさがある。1つは，当然のことながら，

事業展開する市場環境が異なるということである。経済環境，市場構造，ビジネスインフラ，顧客の嗜好など，大きくあるいは微妙に異なる複数の市場で同時にビジネスを行わなければならない[1]。「言うは易く行うは難し」である。ただし，市場環境の違いは克服すべき課題であると同時に，その違いを活用することが可能な点にも留意が必要である。もう1つは，国家は自国の発展と公平基準に基づき行動するが，企業は自社の存続と事業の発展を第一に，経済合理性に従って行動する。多国籍企業は複数の国家，社会の一員としての役割を担う必要があるし，そのように期待されるということである。事業展開する国同士の関係が悪化したときにどのように振る舞うべきか，そうした困難さは国内経営にはない。

21世紀に入り，各国間の距離は縮小し，中堅企業はもちろんのこと，中小企業の国際化も一般的になっている。経営の国際化は，企業が存続し，成長するために不可欠なのだろうか。もちろん一概に結論を出すことはできない。業界や会社によっては，事業存続のために国際化は避けられないということもあるだろう。しかし，実力をはるかに超えるチャレンジは必ずしもよい選択とはいえない。流行に流された国際化で運よく成功するなどということはあり得ない。国際化すべきか否か，タイミングと範囲をどうするか，冷静な経営判断が求められる。

ここでは，主に中堅・中小企業，ベンチャー企業を念頭に，企業がマーケティングを目的に，初めて国際化する際の意思決定のポイントを整理しよう。外部環境，内部環境の順に，どのような事柄について検討すべきで，何が論点になるのか考えてみよう。

まずは，外部環境であり，競合状況である。1つは，本国市場の需要動向と自社の位置付けである。需要の伸びが頭打ちであったり，自社が既に高いシェア[2]を保持していたりして，国内販売の上乗せが難しい場合は新たな市場を海外に求めることになる。本国市場で需要の伸びが期待できたり，シェアアップが可能であったりすれば，一般にはまずは本国市場に専念すべきとなる。しかし，経営意思によって，海外市場の攻略を同時に目指すということもあり得る。2つ目は，海外市場の動向である。どの市場にどのような需要があり，需要の伸びは期待できるか，海外のライバル企業はどこか，外国企業が新たに参入す

る余地はあるのかである。3つ目は，プレーヤー数が限られ，主要市場が当該国企業によってほぼ独占されているような市場であるならば，自社の外国市場参入によって，ライバルが本国市場に参入する事態も覚悟しなければならない。外国企業の自国市場への参入に対抗するための国際化という，逆の例もある。寡占市場(かせんしじょう)というと巨大企業を思い浮かべるかもしれないが，スタートアップ企業による新製品や新サービス，あるいは特定の部品や部材を小規模企業が独占的に供給する場合もある。棲み分けが崩れ，厳しい競争が世界で展開されることになる。これらの外部環境を冷静に判断することが第一歩となる。

　次は，内部環境である。1つは経営意思である。経営者が短期的に，そして中長期的に海外市場をどのように捉え，どのような世界戦略を採ろうとしているのかである。2つ目は自社の経営資源の質と量が国際化に耐え得るかという点である。経営者，マネジャー，それに社員の経験と能力，製品の実力，国際化を可能にする資金力である。むろん，足りない経営資源は外部から補うことができる。ただ，本国に留まる場合と違い，経営環境の異なる複数の市場でのマーケティング活動を同時に行うだけでなく，マーケティング施策の調整を図らなければならない。全体最適を実現するには，高い能力を持った経営者とマネジャーが不可欠である。職務遂行能力のみならず，自社の経営理念と価値観を共有し，同じ経営ビジョンを掲げることのできる人材を確保できるかどうかである。

　しかしながら，問題は外部環境から判断すれば国際化すべきとなるが，内部環境（組織能力）に不安があるという場合であろう。両者のギャップがあまりにも大きければ，国際化に先立って，まずは組織能力の蓄積に努めなければならない。マネジメント可能なギャップであれば，何といっても，経営者の思い，会社としての国際化志向がどの程度の強さであるかがポイントとなる。組織能力の不足は，外部からの人的資源の補充と既存組織の能力向上というオーソドックスなやり方しかない。国際化による最良・最悪のシナリオを仮定し，具体的な施策によって，どの程度，最悪の事態を回避し，最良の結果に近づけるかがポイントになろう。

2 漸進的な国際化

 段階的な国際化プロセス

　企業国際化の伝統的な動機がマーケティングと経営活動に必要なインプット獲得にあることは既に述べた。このことを企業の成長プロセスに重ね合わせて考えてみよう（**図表3-1**）。

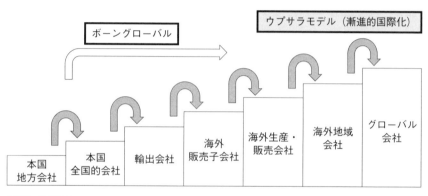

図表3-1◆国際化の階段

（出所）筆者作成。

　企業の設立目的は，一般に社会のニーズを満たしたり，保有する情報的経営資源（知識）を活用し，社会を変革したりして，市場に働きかけることにある。そのため，自社製品の販売は，まずは本国市場となる。本国市場の規模が大きかったり，地理的に広範であったりする場合は，国内の特定地域から始め，その後，全国に販路を広げ，全国的な会社になる。いずれの場合も，一定の時間が必要であり，漸進的な成長となる。

　海外市場への浸透の第一歩は輸出マーケティングであろう。なかでも輸出販売の始まりは，自社製品の供給者に徹し，輸出業務は商社に，現地販売は現地代理店に依存することが多い。しかし，販売量が増え，現地市場に関する知識

が一定レベルに達し，更なる市場シェア拡大を目指すことになれば，他社への依存は足かせとなる。輸出業務を自ら行ったり，現地販売を自前で実施したりするために，販売子会社を現地に設立することになる。輸出マーケティングから国際マーケティングの段階に至るのである。

しかし，現地市場で正当に認知され，さらに販売を拡大するためには，本社からの輸出に頼るだけでは難しい。内国民(ないこくみん)として認められ，現地企業と同等に扱われるためにも，文化的距離を縮め，現地市場に適応するためにも，また在庫管理など事業効率化を実現するためにも，現地生産の必要性が高まる。メーカーであれば，現地工場の設立となる。多数の従業員を雇用したり，現地社会に溶け込むために社会的活動を重視したりする。外国企業としてではなく，「現地企業」として振る舞わなければならないし，現地社会の要請と期待も一気に高まる。国際マーケティングから本格的な国際経営の段階に移行するのである。

重要市場に販売子会社のみならず，生産機能も併せ持つ生産販売会社を設置することは国際経営の第一歩である。その場合の標的はあくまでも，当該進出市場である。しかし，そうした海外拠点が一定数に達するようになると，それぞれが独立して事業を推進するよりは，効率的にあるいは効果的に標的市場にサービスするために，東アジアなどの地域レベルで，あるいは世界規模で自社事業を再編することが可能になる。グローバル経営への第一歩を踏み出すことになるのである。

自社の主要活動を海外市場に拡大することは，進出国市場への働きかけが本格化することを意味する。他方，海外市場への浸透を本格化すれば，当該市場やライバル企業からさまざまな形で影響を受けることになる。このようにして，企業活動と当該市場が相互に影響を及ぼし合いながら，双方が進化することになる。企業も市場も学習することで競争力を高めることができるのである。

新興国企業が国際化する場合，最初から先進国市場を目指し，一定の成果を上げることができれば，その後の新興市場参入は比較的容易になると考える場合がある。逆に，まずは新興市場に参入し，経験を積んだのち，先進国を目指すということもある。中国では，前者を先難後易(せんなんこうい)，後者を先易後難(せんいこうなん)というが，詳しくは第Ⅲ部で議論しよう。

なぜ漸進的か？

　詳しい議論は第Ⅱ部に譲るが，学問としての国際ビジネス論は50〜60年前に誕生し，以来一貫して，国際経営の主役は国際的に競争力豊かな大企業であった。そして，当初の議論の中心は，企業がなぜわざわざ国境を越え，多国籍化するのかという理論研究であった。そして，競争優位の大企業が国際化するのであるから，国際化プロセスの段階的発展は検討対象にならなかったし，そうした事例もそれほど多くなく，関心も寄せられなかった。しかし，1980年代後半にスウェーデンのウプサラ大学の研究者を中心に国際化段階説が唱えられるようになった。あたかも一段ずつ階段を上るかのごとき，漸進的国際化の新たな多国籍企業像が紹介された。競争力の高い企業が優位性を活用するために国際化するという常識が，競争力がそれほど高くなくとも，一歩一歩経営資源を蓄積し，段階的に国際化する企業が現れたのであるから，従前のパラダイムが転換されたことになる。

　次に，国際化が一足飛びに進むのではなく，漸進的であった理由について整理しておこう。大きくは，市場環境に起因する要因と企業の経営能力による制約要因が考えられる。1つは，企業活動に関わる因果関係の特定が可能であれば，事業計画は立てやすい。しかし，因果関係が明確でない不確実性のもとでは，事業計画の立案が難しい。外国市場ではそのようなハードルが本国とは比較できないほど高い。2つ目は企業サイドの要因である。業種にもよるが，外国市場に関する知識を獲得するのは容易ではない。たとえ，競争力に恵まれた大企業であっても，外国でスムースに事業展開することはまれで，一定期間の試行錯誤のうえに市場参入の成果が表れる。ましてや，経営資源が質的にも量的にも制約のある中小企業や中堅企業であれば，長い時間をかけて経験を積み，あらゆる面の組織能力を高めるしかない。このようにして，中小・中堅企業の国際化は，いくつものハードルをクリアするために，一歩一歩着実に前進しなければならないと考えられてきた。

3 ボーングローバル・カンパニー

　国際ビジネスの主役は，高い競争優位を保持する巨大多国籍企業であった。まずは米国の巨大企業が，そしてその後は欧州，そして日本の大企業も多国籍化した。しかし，その後は，前節のとおり，時間をかけて徐々に力を蓄え，多国籍化の道を歩む企業が出現するようになった。そして，20世紀の最後の10年になると，国際ビジネスの主体として，新たな形態の国際ベンチャーが出現する。ボーングローバル・カンパニー（BGC）である（図表3-2）。多国籍化の階段を一歩一歩上るのではなく，創業から間もなく，海外市場に参入し，国際事業を展開する，生まれながらの国際企業である。BGCは，設立時から世界を1つの市場，国境のない市場と捉え，経営者の強烈な起業ビジョンに従って，国際展開する会社である。多くの場合，小規模ながら，特定領域において競争力のある情報的経営資源を保有し，技術志向が強いスタートアップ企業である。BGCには生まれながらのグローバル企業という以外に定説となる客観的な基準はない。ただ，初期のBGCのプロフィールから，G.A.ナイトらは①創業から3年以内に外国市場で販売開始，②本国市場以外の市場売上が25％以上をBGCの定義とし，客観性のあるBGC像を提案した[3]。

　1980年代以前は，スタートアップ企業が創業と同時に国際化するというのは非現実的であった。では，なぜ1990年代に入るとBGCが例外ではなく，目に

図表3-2◆技術・市場変化と企業形態

	変化が速い	
海外進出が遅い	既存の大・中・小企業，ベンチャー	ボーングローバル・カンパニー
	既存の大・中・小企業	ボーン・アゲイン・グローバル・カンパニー
	変化が遅い	海外進出が速い

（出所）高井透・神田良（2012）「ボーン・アゲイン・グローバル企業の持続的競争優位性に関する研究」『情報科学研究』第21号，5-32頁。

見えて増えてきたのか。まずはその背景と市場環境の変化について考えてみよう。

まずは国際化の進展である。ただし，国際化といっても2つの意味がある。1つは販売市場の国際化であり，もう1つは企業の国際化のハードルとなるビジネス制度の標準化，自由化の進展である。前者については各国市場の差異が縮小し，世界を1つの市場とみなすことのできる産業が増加したことである。また，一部産業や製品が垂直統合型（社内ですべての付加価値創造プロセスを担うことが効果的な産業や製品）からモジュール型（付加価値創造プロセスを分解し，異なる企業がそれぞれ担当し，つなぎ合わせることが容易なタイプの産業や製品）へと進化（変化）し，サポート産業も自立可能になった。また，そうした分野ほど，市場ごとの差異が少なく，標準化戦略を採用し，世界市場を標的にしやすくなった。BGCにはそうした分野の企業が多い。

後者については，社会主義圏の崩壊，世界貿易機関（WTO）の設立，自由貿易協定（FTA）の締結加速など，各国のビジネス制度を共通化する方向に

Column 3-1　　ホンダの国際化プロセス

「世界一でなければ日本一でない」という名文句で知られるように，創業者の本田宗一郎の国際化志向は強烈だったが，当時の経営環境の制約から，最初の海外販売会社は13年後の設立であった。
　1948年　本田技研工業（株）設立
　1952年　二輪車（カブF型）輸出開始（台湾他）
　1961年　ドイツに二輪販売会社設立
　1962年　ベルギーで二輪車初の海外生産開始
　1969年　台湾で四輪車初の海外生産開始
　1975年　インドネシアで四輪車生産開始（生産委託）
　1978年　米国で二輪車生産会社設立
　1982年　米国で四輪車生産開始（日系自動車初）
　2015年現在の海外生産は，二輪車と四輪車の双方が11カ国，二輪車のみが6カ国，四輪車のみは4カ国となっている。
（出所）本田技研工業（株）会社紹介ウェッブサイト

第3章　国際化の意思決定とボーングローバル

進みつつあることも寄与している。グローバル化の進展は決して一直線ではないし，分野によってグローバル化の程度には大きなバラツキがある。しかし，20世紀に比べれば大きな進展であり，海外でのビジネスのハードルが大幅に引き下げられたことは間違いない。国際ビジネスのもう1つのハードルである制度的距離（文化的距離を含む）が縮小したのである。

市場と制度の国際化の進展に加えて，運輸技術と情報通信技術（ICT）の飛躍的な発展を挙げないわけにはいかない。国際ビジネス最大のハードルは物理的距離の克服であり，十分に克服されたわけではないが，20世紀に比べれば隔世の感がある。物流技術の発展によって，大企業のみならず小規模企業も（個人も），低コストかつ信頼性の高い物流インフラを活用できるようになった。また，ICTの進展によって，デジタル情報やルーティン業務に関しては，ほぼノーコストで海外拠点間のコミュニケーションを図ることができるようになった。経営レベルや知識創造，新規事業に関わる密なコミュニケーションは必要であるが，移動にかかる時間コストが大幅に低下した。

このようにBGCの誕生を容易にする環境が形成されたことは確かであるが，だからといってスタートアップ企業の多くが自動的にBGCになるわけではない。BGCの共通点を探ることで，見えてくるBGCの特徴の1つは，国際ビジ

Column 3-2　ボーングローバルの事例：テラモーターズ（株）

創業	2010年4月
創業者	徳重徹
資本金	6億6210万円
本社	東京都渋谷区
工場	埼玉県さいたま市
事業	電動バイク，シニアカーの設計，生産，販売
海外	2011年5月　ベトナムにて電動スクーターの製造販売を開始
	2013年12月　フィリピンにて電動トライシクルの製造販売を開始
	2014年7月　インドにて電動スクーター，電動トライシクルの製造販売を開始

（出所）中村久人（2013）『ボーングローバル企業の経営理論』八千代出版と同社ウェブサイト。

ネスの経験を積んだのち，起業する創業者が多い点である。20世紀後半の国際ビジネスの進展によって，そうした人材が多数誕生し，当初から世界を１つの市場と捉え，創業と国際化を同時進行させることを当然視する経営者が現れた。２つ目は，限定分野ながら，独占的ともいえる無形資産を持った知的集約財に関わるビジネスにおいて，BGCが生まれやすいということである。３つ目は市場ごとの差異が少ないグローバル産業のスタートアップにBGCは多い。４つ目は本国の市場規模が小さければ，当初より隣国市場を標的とするため，BGCは誕生しやすい。北欧，欧州にBGCが多いゆえんであり，米国や日本は相対的に少ない。

　BGCは設立直後から急速にグローバル化するスタートアップ企業であるが，創業後，長期に亘(わた)り国内企業として存続し，その後，何らかの環境変化によって急速に国際化する会社もある。ボーン・アゲイン・グローバルという。ボーン・アゲイン・グローバルのなかには，買収や提携，新事業への進出などを契機にグローバル化を開始するケースがある。一方，そうした契機がないにもかかわらず，突然，既存事業のグローバル化に踏み出すケースがある。ボーン・アゲイン・グローバル企業に関する研究は緒(しょ)に就いたばかりであり，グローバル化の契機，競争優位構築プロセス，業種や業態別の特徴，日米欧の比較分析など，今後の研究の進展が期待される。その過程で，国際化の意思決定とプロセスに関する実務面の教訓が積み重ねられるものと思われる。

　新興国企業のなかで，国際経営に熱心な会社は設立直後，あるいはある段階から突如として，グローバル化の道を歩むケースが多い。これは，ボーングローバル，ボーン・アゲイン・グローバルが先進国に限定されない，普遍的な現象であることを示している。経営環境が大きく変わり，新興国のスタートアップ企業も，急速なグローバル化が可能になった。まして，新興市場の大企業，政府系企業が国際化することはある意味，当然といえるのかもしれない。

| Column 3-3 | ボーン・アゲイン・グローバルの事例：マニー（株） |

創業　　1959年12月
資本金　988百万円（2014年8月現在）
本社　　宇都宮市
事業　　医療機器（外科・眼科治療機器，アイレス縫合針，歯科治療機器）の製造販売と輸入販売

沿革
1956年　松谷正雄がアイド縫合針の製造開始（個人企業）
1959年　株式会社松谷製作所設立
1996年　マニー株式会社に商号変更
　　　　ハノイに合弁会社設立
1999年　ミャンマーに子会社設立
2003年　ベトナムに工場増設，子会社設立
2009年　ラオスに子会社設立
2012年　中国に販売会社設立

海外拠点
生産　　ベトナム・ハノイ，ミャンマー・ヤンゴン，ラオス・ビエンチャン
販売　　ベトナム・ハノイ，中国・北京

地域別セグメント情報（2013年8月期）
売上高（顧客所在地）
日本3,525百万円（37.8％），北米776百万円（8.3％），欧州1,822百万円（19.5％），アジア2,415百万円（25.9％），その他802百万円（8.5％）
有形固定資産
日本3,491百万円（48.5％），アジア3,694百万円（51.4％）

（出所）中村久人（2013）『ボーングローバル企業の経営理論』八千代出版と同社ウェッブサイト。

★考えてみよう

1. 任意のベンチャー企業を選び，国際化の是非を検討する際の評価ポイントを整理してみよう。
2. なぜ，かつては，国際化志向の強い会社でも実際の国際化に時間がかかったのか，具体例を用い，検討してみよう。
3. ボーングローバルの新規性は何か，可能性は何か，そして経営者が留意しなければならないことは何か，考えてみよう。

★読んでみよう

1. 江夏健一・桑名義晴・岸本寿生（2008）『国際ビジネス研究の新潮流』中央経済社。
2. 中村久人（2013）『ボーングローバル企業の経営理論』八千代出版。
3. 高井透（2007）『グローバル事業の創造』千倉書房。

【注】

(1) 国際経営を複数の国内経営の集合体と見る見方が1つある（R.ロビンソン）。もう1つは，複数の国の経営を全体最適化するために，有機的に統合するのが国際経営だとすれば，それは国内経営とは異次元の複雑さを持った経営ということになる（J.フェアウェザー）。江夏健一（1984）『多国籍企業要論』文眞堂を参照されたい。

(2) 中堅・中小企業やベンチャー企業が高いシェアを保持することを奇異に感じる向きがあるかもしれない。しかし，近年は，製造業における部品や部材，サービス業におけるサービス製品・機能が細分化しており，ある特定分野で高いシェアを誇る「小さな大会社」がかなりの程度存在する。

(3) Knight, G.A. and S.T. Cavusgil (1996), "The Born Global Firm: A Challenge to Traditional Internationalization Theory," Cavusgil S.T. and T. Madsen (eds.) *Advances in International Marketing*, Vol. 8, Greenwich, CT: JAI Press, pp. 11-26.

第4章
市場参入と集中・分散戦略

> **Key Words**
>
> 参入モード,合弁事業(JV),M&A(合併買収),
> アライアンス,I-Rグリッド

◆はじめに◆

　海外市場への参入は検討の良否によって,その後の展開を大きく左右する。明確な目的を持って,自社の経営資源を正しく評価したうえで,遂行可能なプランを企画,実行しなければならない。M&Aやアライアンス(戦略提携)によって,他社の経営資源を活用することもできる。大競争時代に入り,ますます外部資源の活用の重要性が高まっている。国際経営が進展すると,多国籍企業は親会社と子会社の役割を最適化する必要に迫られ,高次の課題に直面する。先進国多国籍企業は新興国子会社を含むグループ経営の巧拙が競争力に影響する一方で,新興多国籍企業は親会社主導の国際化がしばらく続くことになろう。新興市場への参入には,先進国市場と同様に,進出国政府,社会一般,ビジネス社会,顧客との良好な関係構築が求められるが,関係性維持に不確実性がつきまとうため,適切なマネジメントが不可欠になる。

1 参入モード

　海外市場参入に関わる意思決定,参入方法,その後の国際経営のあり方について考える[1]。まずは,海外市場への参入戦略を検討する際に考慮すべき4つの次元を5W1Hに従って整理してみよう。1つ目の次元は何のため(why)の国際化であり,どの地域,国,都市・地方(where)を立地として選択するかということである。2つ目は,どの機能(what)を海外に移転したり,新たに立ち上げたりするかという意思決定である。3つ目は,どのタイミング(when)での市場参入であるかという点である。4つ目は,誰を主体に(who)

にして，どのような形態（how）で市場参入を果たすかという戦略である。これら4つの次元を注意深く検討したうえで，大胆な市場参入戦略を果敢に実行すべきであるが，失敗事例の多くはこうした正統な手続きのいくつかをスキップしていることが多い。重要案件であったり，複雑な意思決定であったりすればするほど，基本に立ち返ることが重要である。これら4つの次元について，若干の補足を加えることにしよう。

まずは目的と立地選択である。企業が海外市場参入によって獲得を目指すのは，大きく2つである。1つは市場，すなわち海外市場での販売増である。2つ目は企業活動に必要な生産要素と経営資源を手に入れ，自社の競争力を高めようとする。前者は輸出では十分に対応できない需要を，標的市場や近地市場に参入し「内国民」になることで手に入れる。後者の代表例は，初期段階の新興市場に見られるように，生産性が一定水準にもかかわらず，労働コストが低く抑えられているような立地で生産活動に従事することでコスト競争力を向上させようというものである。もちろん，単純労働に留まらず，経営者や専門職人材，研究開発基盤，産業インフラなど，高度な企業活動のための経営資源獲得も目的となる。詳しくは第Ⅱ部に譲るが，ビジネス活動を支援する制度や阻害する可能性のある制度が，自社にどのような影響を及ぼすのかについての検討も不可欠である。とりわけ，取引コストの高い新興市場においてはそうしたビジネス制度を正しく評価することが肝要である。

次は，海外でどの機能を立ち上げるかという問題である。企業の主要活動は，販売・マーケティング，生産，そして製品開発と技術開発である。当然，どの機能の立ち上げかによって，立地選択も，タイミングも，参入方法もまったく異なるものとなる。そして，それらを支える支援機能の移転は，国際化戦略が成熟期を迎える時期に重要性が増す。本社と海外拠点が一対一の関係である間はそれほど問題にならないが，域内の複数の海外拠点間の調整や協力が必要になると，財務，人事，生産・物流調整，マーケティングの一部を本社から切り離し，市場に近づける必要性に迫られる。地域統括会社，地域本社がその典型例であり，こうした支援機能の海外移転も一般化している。

海外市場参入のタイミングも大きな論点となる。初期に参入する利点は，需要であれ，生産要素であれ，ライバルとの争奪戦を避け，それらを比較的容易

に手に入れることができる点である。その一方で，外国勢の参入が乏しく，不確実性の高い事業環境の下では，さまざまな事業運営上のリスクを覚悟しなければならない。新興市場であれば，未熟なビジネス制度に伴う高い取引コストを負担しなければならないのである。後発参入組は，初期参入者の成功と失敗，ビジネス環境の進化を踏まえ，学習コストを節約しての参入が可能となる。そうした利点とコストを，自社のビジョンと戦略に照らして，参入時期に関する意思決定を行わなければならない。

　最後の次元は，誰が市場参入の主体となり，どのような方法（参入モード）で海外市場参入を果たすのかという意思決定である（**図表4-1**）。海外市場参入といっても，販売であれば，輸出に専念することもできるし，現地市場に販売会社（卸売，小売，アフターサービスの提供）を設置し，自らマーケティングに従事することもできる。現地生産といっても，自社の生産技術やブランドを第三者に貸与し，ロイヤルティを受け取ることもできるし，生産子会社を立ち上げ，自社生産を行うこともできる。第三次産業においても同様に，第三者とフランチャイズ契約を結び，自社のサービスを扱う権利を供与したり，自ら事業を行ったりすることもできる。さらに，自らが主体となり海外事業を推進する場合でも，完全出資の子会社を設立し，重要な経営資源をコントロールし，

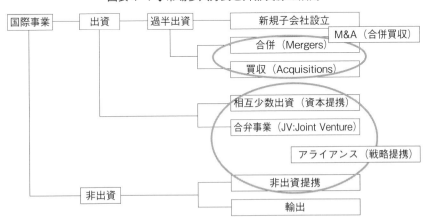

図表4-1◆市場参入方式と外部資源の活用

（出所）筆者作成。

経営戦略とオペレーションを管理下に置くこともできるし、第三者と共同で海外事業を立ち上げることもできる（合弁事業）。また、合弁事業の場合でも、相手は本国企業か、現地企業か、あるいは第三国企業か、株式を過半数保持するか、相手が１社であれば折半出資とするか、少数所有に留めるかなどの選択がある。当然のことながら、自社の経営資源が豊富で、他の支援が必要なければ、完全所有によって事業を掌握することができる。ただ、事業の成否の責任をすべて負うことになるし、有事の際に他社の支援を得にくいという欠点がある。他方、合弁事業の場合、自社の経営資源の不足を補ってくれるパートナーの存在は大きいが、ビジョンにずれが生じたり、戦略やオペレーションにおける調整に時間がかかったり、不調に終わることによるコスト負担が必要になるかもしれない。

　企業経営における最適解は１つではない。経営理念、ビジョン、経営戦略によって異なるし、自社の経営資源、経営者と社員の能力と経験を踏まえた選択が必要である。ただし、海外市場参入に際して、上記４つの次元での慎重な検討が不可欠である点に変わりない。自社にとっての最適解を慎重に検討することができれば、あとは果敢に攻めることも重要である。流行や社内外の雰囲気によって不用意に海外市場に参入し、成功するほど甘くはない。十分な準備と覚悟を持って海外市場に参入しても失敗に終わる場合はある。しかし、そうした失敗であれば、組織能力の向上という中長期的効果をもたらす可能性があり、次につながる「投資」といえるかもしれない。

2 │ M&Aともう１つのA（アライアンス）

M&A[(2)]

　企業が成長を志向する過程について、自前主義で徐々に業容を拡大することもできる（有機的成長、またはオーガニック・グロース）。国際化のために海外市場に新規に順次子会社を設立すればよい。また、新規事業に参入する多角化の場合も同様に自前で子会社を設立することができる。これは時間がかかるものの、白紙の状態からビジネスを立ち上げるため、自社のビジネス手法、組

織文化を組織に浸透させやすいという利点がある。他方，他社が立ち上げ，一定の基盤を確立した事業や会社全体を自社に統合することによって，時間を節約し，一気に市場参入を図る方法もある。M&A（合併と買収）である（**図表4-2は日本企業の主要な対外M&A**）。ただ，既存組織の統合は新規事業と異なり，組織と組織文化の融合に手間取ることが多い。ここでは，M&Aとは何か，目的と方法について整理しよう。

M&Aは他社を統合する手法として，一括して理解しがちであるが，合併と買収は形態が異なる。合併は，2社を統合し1つの会社になることで，一方の会社を存続会社とし，他方を吸収する吸収合併と，2社を合併し新たな会社を新設する新設合併がある。

他方，買収は対象によって2種類ある。1つは，他社の資産の一部（工場などの固定資産や営業権などの無形資産）を買い取り自社に統合したり，子会社化したりすることである。もう1つは，他社の資産全体を買い取る株式買収である。なお，統合する2社の力関係は単純なものではない。合併が必ずしも対等を意味するものではなく，合併後，一方の会社主導で統合が進むこともある。

図表4-2◆日本企業の主要な対外M&A

実施年月	買収企業	被買収企業	国籍	業種	金額	出資比率
2015.6	東京海上HD	HCCインシュアランスHD	米国	損害保険	$7,530mn	100
2015.5	日本郵政G	トールHD	豪州	物流	$6,021mn	100
2015.2	第一生命保険	プロテクティブ生命	米国	生命保険	$5,708mn	100
2015.1	伊藤忠商事	中信集団傘下企業	中国	複合	6020億円	11.7
2014.1	サントリーHD	ビーム	米国	蒸留酒	$15,688mn	100
2013.12	三菱東京UFJ銀行	アユタヤ銀行	タイ	銀行	$5,315mn	72
2013.7	ソフトバンク	スプリント・ネクステル	米国	通信	$21,640mn	78
2011.11	三菱商事	アングロ・アメリカン・スール	チリ	鉱業	$5,390mn	24.5
2011.9	武田薬品	ナイコメッド	スイス	医薬品	$13,686mn	100
2008.9	三菱東京UFJ銀行	モルガンスタンレー	米国	金融	$7,800mn	n.a.
2008.4	武田薬品	ミレニアム	米国	医薬品	$8,128mn	100
2006.12	日本たばこ	ギャラハー	英国	たばこ	$18,800mn	n.a.
2006.3	ソフトバンク	ボーダフォン日本	英国	通信	1兆9172億円	n.a.
2000.11	NTT Docomo	AT&T Wireless	米国	通信	$9,805mn	n.a.
2000.5	NTT Communications	Verio	米国	通信	$6,321mn	100
1999.3	日本たばこ	RJRレイノルズ	米国	たばこ	$7,832mn	n.a.

（注1）出資額50万ドル以上で現存する案件のみリストした。mnは百万で，円建て以外は百万米ドルである。
（注2）n.a.はデータなし。
（出所）各種資料より，筆者作成。

また，買収についても，買収側に統合後の組織を経営する人材が不足していれば，被買収会社の経営者がトップに就くこともあり，買収会社による一方的な支配という構図になるとは限らない。

M&Aの目的が，事業拡大のために必要な時間の節約であることは間違いな

Column 4-1　ブリヂストンのファイアストン買収とその後：M&Aの事例

　ブリヂストンは1988年に米国ファイアストンを26億米ドル（3300億円）で買収した（1987年のファイアストンの売上高は38億6700万米ドル，純利益1億2300万米ドル）。家入社長（当時）は「時間を買った」といったが，当時としては記録的な買収額であったし，ライバル社の参入によって，取得額が当初の投資計画の4倍に膨れ上がったため，高値買いとの批評がつきまとった。さらに，買収直後に生産設備の更新など，15億米ドルの投資を発表せざるを得ないなど，かつて世界2位だったファイアストンの競争力は低迷していた。

　買収後のファイアストン事業も多難であった。まずは，買収直後の1990年代初頭の米国の景気後退によって，大赤字を計上し，本社の利益を帳消しにする事態に見舞われた。その後，米国経済は順調に回復し，20世紀末に米州事業は自立したかに見えた。しかし，1999年にはファイアストンブランドタイヤの大規模リコールが発生し，2001年中間連結決算は株式上場以来初となる赤字決算となった。その後は，ITバブルの崩壊から立ち直った米国経済にも助けられ，2007年の米州の売上は1兆4979億円に達した。しかし，2008年のリーマンショックによる景気後退は同社の米州事業にも多大な影響を及ぼし，事業規模の大幅減となった。しかし，その後は順調に回復し，2014年の米州の売上は1兆7681億円となっている。これは2位，3位の仏ミシュラン，米国グッドイヤーを大きく引き離す規模である。

　ブリヂストンのファイアストン買収はM&A案件として，当初はとても成功といえるようなものではなかったし，その後も四半世紀に亘りたびたび，撤退さえ経営者の脳裏に浮かぶような大きな揺り戻しがあった。しかし，ファイアストンの買収なくして，世界1位，米州とアジアで1位のタイヤメーカーの地位をブリヂストンが手に入れることができなかったこともまた，明白である。大きなビジョンと戦略，それを実現する組織能力の重要性をこのストーリーは教えてくれる。

（出所）ブリヂストンウェッブサイト上（http://www.bridgestone.co.jp/）の各種情報を参照した。

第4章 市場参入と集中・分散戦略

いが，M&Aによって獲得した事業をもとに，どのように競争力を高めるのかについてはいくつかのパターンがある。1つは，同一市場で競合する相手同士が統合することで，他社との競争を優位に進めることを目指すものである。石油会社同士の合併（BPアモコ）や高級ブランドの買収（LVMH）などが該当する。2つ目は，自社の事業を強化するため，川上方向の事業を獲得したり（天然資源権益や中核部品生産会社），川下方向の事業を買収したり（メーカーによる流通網や販売金融会社）する垂直統合である。3つ目は，既存事業との関連が乏しい新たな事業に参入するためのコングロマリット型M&Aである。

合併の場合は1株当たりの資産評価に応じて，廃止会社の株主に新会社の株式を割り当てることで合併が成立する。買収の場合は，買収会社が内部資金や借入などの外部資金によって被買収会社の株式を取得することで買収が成立するが，多額の買収資金の調達はそれほど容易ではない。そこで，近年一般化しているのは，現金によって株式を買い取るのではなく，自社の株式を割り当てる（交換する）ことで，被買収会社の株式を獲得するやり方である。この手法が採用されるようになり，M&A市場が拡大するとともに，大型M&Aが目に見えて増加するようになった。

M&Aが多用されるようになった背景は，上記の株式交換，国際会計基準や米国会計基準の普及などの資本市場の変化もあるが，何といっても技術の進展と世界的な競争の激化，それに世界的な規制緩和によって規制業種が減り，独占禁止法の適用が緩やかになったことによるものである。しかし，M&Aの成果については懐疑的な見方も多い。株価や収益性などの定量的評価によるM&Aの成功例は少数に留まる。他方，M&Aによって当該事業の存続が可能になっただけでも意味はあるし，M&Aの成否を判断する期間を長期化するだけでも評価は異なるものになろう。M&Aによって人材，技術基盤，市場などの戦略的資産を獲得したり，相互学習によって組織能力を高めたりする事例も多いのである。

 アライアンス（戦略提携）[3]

ビジネス活動に必要な経営資源をどこから調達するかについて，伝統的には組織内に蓄積し，利用するか，それとも市場から必要に応じて手に入れるかの

2つの選択肢があった。企業は，組織内に経営資源を蓄積し，管理下に置くことで効果的に経営資源を活用できるという利点がある。他方，市場には，必要なときに必要な経営資源を効率的に獲得できるという強みがある。企業間の提携は，組織でも，市場でもない，第三の選択であり，かつては特殊事例と考えられてきた。実際，先進国企業は発展途上国に参入する際に，出資制限等によって，完全子会社を設立できないため，現地企業と合弁会社を設立するしかなかった。提携会社同士の力関係は明白で，多国籍企業からすれば，いやいやながらの合弁選択であった。

しかしながら，1990年代に入ると，企業間の提携が飛躍的に増えただけでなく，質的にまったく異なるものとなった。象徴的な用語が，「戦略的」である。すなわち，それ以前の提携は規制への対応という消極的な選択であったのに対して，中長期的視点によるものであり，かつ競争環境に積極的に働きかけ，自社（陣営）の立ち位置を強化するための提携が多用されるようになった。その

Column 4-2　ルノー・日産の資本提携：アライアンスの事例

　ルノーと日産のアライアンスは，日産が経営危機に陥り，ルノーの資本参加によって倒産を免れた1999年に遡る。当初，ルノーが合計322億仏フラン（6378億円）を投じて，日産自動車の株式36.8%を取得し，日産を救済したため，「ルノーによる日産買収」との評価もあった。しかし，その後の両社の関係を振り返れば，両社が双方に資本参加しているし，お互いの経営意思を尊重し，両社にとって利点がある案件のみ協業するとの当初の取り決めが厳格に守られてきたことがわかる。そのため，資本は介在しているものの，実態としては戦略的提携と位置付けられるべきである。

　2015年現在，ルノーは日産の43.4%の株式を保有し，日産はルノーの15%の株式（議決権なし）を保有している。2002年に折半出資で立ち上げたルノー・日産BV社において，共通戦略を決定し，定期的にアライアンス・ボードミーティングを開催し，シナジーが発揮できるような経営を実践している。

　2014年の日産の販売台数は531万台，ルノーは271万台，それにグループに加わったロシアのアフトワズの44万台などを加え，グループの年間販売台数は847万台に達し，トヨタ，フォルクスワーゲン，GMを追う構図になっている。

（出所）日産自動車ウェッブサイト上（http://www.nissan.co.jp/）の各種情報を参照した。

ため,大企業同士の提携,大企業とベンチャー企業の提携,ライバル企業同士の提携など,実に多様なアライアンスが組まれるようになった。提携企業間の力関係も,企業規模とは無関係に対等なものとなり,限定的な領域での提携,一定期間に限った提携,あるいは多数の企業間の複雑多岐に亘る提携が当たり前となった。長期的な提携関係が必ずしも成功を意味するわけでもなく,短期間で提携が解消されたとしても,両者にとって利点があれば,それは成功した提携といえるのである。

 M&Aは資本取引を通じて他社の経営資源を統合する経営手法である。アライアンスにおいては,提携企業間の資本関係はそれほど問題にならない。相互に出資し合う形の資本提携もあるし,資本を介在させない戦略提携も存在する。一般的には,前者が中期的かつ全社的な提携,後者は短期的かつ部門や機能ごとの限定的な提携となるかもしれない。しかし,戦略提携の本質は,両社が対等な立場で,独立性を維持しつつ,相互に経営資源を補完,共用したり,事業を通じて相互学習したりすることによって,双方が競争力を向上させることにある。資本が介在するか否かは,アライアンスの本質ではないのである。

 本節の最後に,M&Aともう1つのA(アライアンス)の本質についてまと

Column 4-3　競争戦略論の4つのタイプ

 企業の競争優位の源泉を何に求めるかによって,競争戦略論にはいくつかのアプローチがある。以下は,環境(社外か社内か)と時間軸(特定時点かプロセスか)によって,4つに分けたアプローチである。
1. **ポジショニングアプローチ**
 外部の競争環境と特定時点の競争力規定要因に注目する。
2. **資源ベースアプローチ**
 企業の内部環境と競争力規定要因に注目する。
3. **ゲーム理論アプローチ**
 競争環境と競争優位蓄積プロセスに注目する。
4. **ダイナミック・ケイパビリティーアプローチ**
 内部環境と競争優位蓄積プロセスに注目する。

(出所)青島矢一・加藤俊彦(2012)『競争戦略論　第2版』東洋経済新報社。

めておきたい。大競争時代の今日，いかなる大企業も，寡占企業も，中長期的に見て競争優位を維持，向上させることは容易ではない。競争環境，技術環境が激変するなか，自社内の経営資源のみに依存し，勝ち残っていくことは困難である。中核となる経営資源を組織内に蓄積しつつ，M&A+Aなどを通じて，外部の経営資源を活用する方策を常に模索しなければならない時代なのである。

3 集中と分散

　国際化の初期段階は，本国本社に経営資源が集中しており，在外子会社は設立間もないことから，意思決定は本社でなされ，経営資源の流れも専ら本社から子会社への一方通行となる。しかし，国際化した多国籍企業のなかには，売上高が数兆円以上，従業員が10万人以上，内外の子会社が数百社に上るところも珍しくない。規模はともかくも，長年，国際経営に従事し，自立的な経営が可能な，優れた経営資源を保有する子会社を有する会社も少なくない。国際経営における本社と海外子会社の関係は古くて新しい重要な問題である。子会社

Column 4-4　　　　コカコーラの集中と分散

　1990年代半ば，コカコーラは「グローバルに考え，グローバルに行動する」をモットーにグローバル化へと大きく舵を切った。全世界的な大がかりな組織再編がなされ，あらゆる分野で標準化が進み，米国以外の利益が4分の3を超えるまでになった。しかし，すぐにその弊害が表面化し，業績悪化となった。

　その対応策はローカル化戦略であり，あらゆる分野で各国現地法人に経営上のフリーハンドを与えるというものであった。しかしこれもグローバル化戦略以上に機能しなかった。

　そこで，コカコーラは集中と分散のバランスをいかに図るかという難しいテーマに取り組むことになった。グループでもっとも利益率の高い日本法人の経営手法を研究し，その結果に基づき，有望市場への展開を図るというものであった。要は，低コスト生産を実現するための投資を惜しまず，事業の近代化を図るとともに，各国市場の嗜好とニーズに合致する製品を開発，販売するという基本的な事業戦略であり，そうすることで標準化と適応化の両立が可能になった。

（出所）Yip, G.S. and G.Y.M. Hult (2012), *Total Global Strategy*, Boston, MA: Pearson, p.187.

に裁量の余地を与えなければ成長が遅れるが，未熟な子会社が実力以上の経営を行ってもうまくいかない。

　まずは何を本社に集中させるか，何を海外子会社に分散させるかについて整理しよう。集権，分権という言葉も用いられるが，以下で議論するように，権限がすべてではないし，権力保持が本社の目的というように短絡的に捉えられることも多い。そのため，集中（centralization）と分散（decentralization）という中立的な用語を用いることとする。集中と分散の1つ目の論点はどの経営資源を集中させるか，分散させるかである。ヒト，モノ，カネ，技術と情報などの無形資産は，元々，本社に集中しているが，それらの経営資源をどの程度，海外子会社に移転するかである。2つ目は意思決定である。当然のことながら，本社は子会社の株主であるため，重要な意思決定の最終的な権限は本社に帰属する。ただ，そこに至る過程や一定程度までの意思決定をどの程度，子会社に委譲するかという問題である。3つ目は，これらの結果として，主要な経営プロセス，主要な機能のどこまでを子会社に委ねるかという点である。「ラーニング・バイ・ドゥーイング（Learning by doing）」の言葉どおり，力を蓄えるためには実行することが必要で，子会社にどの程度そうした機会を与えるかである。

　そうした集中と分散の是非を判断する基準は何か，3点挙げてみよう。1つは，子会社の経営資源の質と量である。平たくいえば，組織能力がどの程度であるか，どこまで委ねることができるかという点である。2つ目は，自社の経営資源を最適に活用しようとするときに，集中がよいか，それとも子会社に任せ，分散すべきかである。経営資源や意思決定の内容によっては，本社に集約する方が効率的であったり，情報漏えいなどのリスク回避が容易であったりする場合がある。集中を志向する主なる背景は効率性の追求にある。他方，子会社に任せた方が企業活動を有効に進めることができる分野もある。分散を志向する主なる圧力は子会社経営における有効性追求である。集中か分散かの問題は一律ではなく，分野と領域によっても大いに異なるのである。3つ目は，経営者による戦略的意図である。子会社の実力にかかわらず，また，一般的な効率性，有効性の評価はともかくとして，例えば，将来をみすえ，子会社を自立した経営主体として捉えるという，経営者の信念に基づく判断である。

このように，集中と分散の問題は多面的であり，多次元的でもあるが，複雑な国際経営を最適化するためには欠かせない論点である。このことをわかりやすくフレーム化したのが，C.K.プラハラードらのI-Rグリッド[4]である（図表4-3）。効率性追求の根拠となるグローバル統合（global integration）と，有効性追求の根拠となる現地適応（local responsiveness）の二次元図を措定し，同一企業であっても機能ごと，タスクごとに異なる焦点が多数存在することを明示し，多焦点戦略・組織が多国籍企業の現実であると訴えた（図表4-4）。実際，産業特性によってI-Rグリッド上にプロットすべき位置（I寄りかR寄りか，その程度はどうか）は異なるが，同一産業であっても企業によってはプロットすべき位置は異なる。さらに，同一企業であっても研究開発とマーケティングではプロットすべき位置は異なるし，同じマーケティングでも製品政策と販売促進ではプロットする位置は異なるのである。これらは特定企業のある時点での戦略を集中と分散をキイワードに明示化したフレームワークである。しかし，その戦略は不変ではなく，時間の経過とともに，I寄りだったものがR寄りに移行したり，その逆だったりすることもあり，経営戦略を動的に捉えることの重要性を教えてくれる（図表4-5）。

図表4-3◆I-Rグリッド

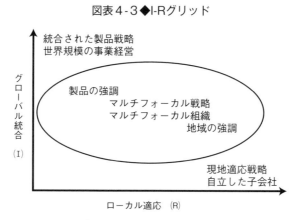

(出所) Prahalad, C.K. and Y. Doz（1987）, *The Multinational Mission*, New York, NY: Free Press.

図表4-4 ◆ I-Rグリッドポジショニング（1980年代）

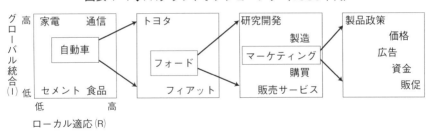

（出所）Prahalad, C.K. and Y. Doz（1987）, *The Multinational Mission*, New York, NY: Free Press.

図表4-5 ◆ トヨタ自動車のI-Rグリッドポジショニング変化

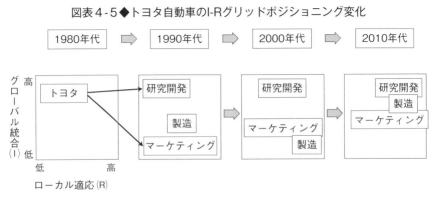

（注1）トヨタのIRポジショニングの変化を一表にまとめるのは難しいが，研究開発であれば，グローバル統合を維持したうえで，新興国向けの開発はタイなどへ移管している点を考慮した。
（注2）製造は1990年代から2000年代にかけて世界中に拡大した点と，米国での大規模リコールを受け，品質保証の現地移管に取り組んでいる点を考慮した。
（出所）筆者作成。

★考えてみよう

1. 任意の会社を選び，海外市場参入を検討する際の4つの次元を5W1Hに沿って整理してみよう。
2. 任意のM&A案件を選び，M&Aが実現しなかったならば，当該企業の戦略遂行にどのように支障を来たす可能性があったか，議論してみよう。
3. 集中と分散のジレンマを解決しようとすることの難しさについて考えてみよう。

★読んでみよう

1. 新貝康司（2015）『JTのM&A』日経BP社。
2. 服部暢達（2015）『日本のM&A　理論と事例研究』日経BP社。
3. Hubbard, N.A. (2013), *Conquering Global Markets*, Palgrave Macmillan.（高橋由紀子ほか訳『欧米・新興国・日本16ヵ国50社のグローバル市場参入戦略：M&A，提携・合弁，グリーンフィールド投資が成功する秘密』東洋経済新報社，2013年。）

【注】

(1) 市場参入に関する理論研究としては，例えば，藤沢武史（2002）『多国籍企業の市場参入行動』文眞堂などを参照されたい。
(2) M&Aについては，例えば，「読んでみよう」で挙げた，新貝（2015），服部（2015）などを参照されたい。
(3) 戦略提携については，例えば，江夏健一編著（1995）『国際戦略提携』晃陽書房，長谷川信次（1998）『多国籍企業の内部化理論と戦略提携』同文舘などを参照されたい。
(4) Prahalad, C.K. and Y. Doz (1987), *The Multinational Mission*, New York, NY: Free Press.

第5章
国際経営組織

> **Key Words**
>
> ハイアラキー，ネットワーク，ダブルループ学習，
> 公式メカニズム，非公式メカニズム，
> センター・オブ・エクセレンス（COE），地域統括会社

◆はじめに◆

　国際経営の深化に伴い，戦略のみならず，組織形態と経営プロセスも整合性を保ちつつ，進化させなければならない。多国籍企業の組織研究も現実の動向を踏まえ，子会社の役割の拡張とハイアラキーからネットワーク組織へと関心が移行した。子会社の能力構築に合わせ，役割も異なるものとなる。もっとも進んだ子会社は，センター・オブ・エクセレンス（COE）として特定分野において，本社を含むグループ全体のリーダー役が期待される。多国籍企業の子会社数が急増するとともに，欧州，アジアなど地域レベルで一定の権限のもと，整合性のある戦略を推進する必要が高まった。地域経営を担う地域統括会社（地域本社）の設置も一般化した。先進国多国籍企業のアジア市場への期待は大きく，シンガポール，香港あるいは中国本土に地域統括会社を設置する例は多い。他方，新興多国籍企業の国際経営組織の進化は緒に就いたばかりである。

1 多国籍企業の組織研究

　組織は戦略を実行するためのツールである。もちろん，組織によって，戦略が規定されることもある。いずれにせよ，組織と戦略は整合性が保たれていなければならない。多国籍企業の組織研究は，国際経営を進める多国籍企業の本社と海外子会社のどちらに焦点を当て，相互の関係をどのように捉えるかという点に集約される。まずは，これまでの国際経営組織に関する研究の流れを整理しよう。

図表5-1 ◆多国籍企業の組織研究

分析レベル		ハイアラキー	ネットワーク
親会社		セル1 多国籍企業の戦略と組織構造 1972-85	セル3 多国籍企業のプロセスと進化 1976-95
海外子会社		セル2 本社と海外子会社の関係 1978-87	セル4 海外子会社の役割と進化 1984-94

組織モデル

(出所)Birkinshaw, J.M.(2000), *Entrepreneurship in the Global Firm*, London: Sage Publication.

　J. バーキンショーの研究に基づき，4つの次元に分け，国際経営の組織研究を理解する[1]（**図表5-1**）。1つは，分析レベルを親会社に置くか，それとも海外子会社に置くかである。もう1つは，組織モデルをハイアラキーとして捉えるか，それともネットワークとして理解するかである。ハイアラキーとしての多国籍企業は，親会社が上位で，子会社を下位に位置付ける階層構造という意味である。ネットワークというのは，ハイアラキーのような親会社から子会社への一方通行の意思疎通ではなく，親会社も子会社も同一次元に位置し，親会社・子会社が双方向の意思疎通を行う，蜘蛛の巣状の構造を指している。

　多国籍企業の組織研究は，まず親会社に焦点を当て，親会社の国際経営戦略とそれを遂行するための多国籍企業の組織構造に関する研究からスタートした（図表5-1のセル1）。次いで，親会社が海外子会社をコントロールするための両者の関係についての研究が進められた（セル2）。そして，1980年代後半に入ると，多国籍企業の親会社と海外子会社を階層としてではなく，ネットワークとして捉える視点の研究が始まり，まずは親会社を分析対象とするようになった（セル3）。そして，海外子会社に焦点を当て，組織能力の向上，親会社や他の子会社への貢献など，子会社自体の進化（位置付けと役割の変化）に関する研究へと推移した（セル4）。このように，国際経営の進展，多国籍企業の進化と軌を一にして，国際経営の組織研究も変遷してきた。

　次に，国際経営の遂行する組織の目標とは何かを明らかにしておきたい。そ

れは，1つには事業をグローバルに展開することによって効率性を高めることであり，そのために必要な組織を作り，経営プロセスを適正化することである。2つ目は各地域，各国市場の要請にしたがって事業を進めることで，経営の有効性を高めることである。これらは一見，二律背反(にりつはいはん)であるが，それらを高い次元でバランスさせるのが優れた国際経営である。3つ目は，組織学習を可能にすることである。親会社から子会社へというシングルループ学習[2]はもちろんのこと，イノベーションにつなげるため，進出国社会から，市場から，競合他社からさまざまな形で学習し，新機軸(しんきじく)の創出につなげる組織を実現することである（ダブルループ学習[3]）。これらを同時に実現するためのあるべき組織構造と経営プロセスの模索は，多国籍企業にとって最終到達点のない永遠の課題となる。

2 子会社の能力構築と役割進化

企業組織のコントロールメカニズム

　企業内で成員の行動を制御したり，親会社が子会社を統制したりするメカニズムには大きく2つある。1つは仕事の進め方をルーティン化し，ルールを明確にしたうえで，マニュアルを作成し，それに従って業務を進めるようにすることである。公式メカニズムという。役割分担がはっきりし，実行すべき仕事が明確であれば，標準化され，形式化されたマニュアルに従って業務を進めれば，大きな間違いは発生しにくい。

　もう1つは非公式メカニズムである。人的ネットワークを密にし，人的交流を通じて文化を共有することによって，個人や組織の行動を誘導しようとするものである。企業理念や価値観を共有することで，子会社も個人も同じ組織の一員として行動できるようにする。経営問題などの事前に想定できない状況への対処，成果を短期的に評価しにくい業務を推進する際に有効であるが，非公式メカニズムの浸透度を測ることは難しい。

第Ⅰ部　企業活動の国際化

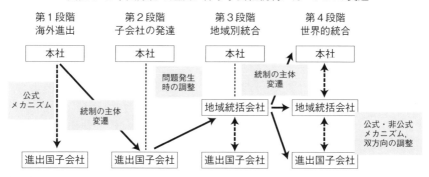

図表5-2◆国際化の進展に伴う子会社統制メカニズムの変遷

（出所）J.R.ガルブレイス+D.A.ネサンソン（1989）『経営戦略と組織デザイン』岸田民樹訳，白桃書房を参考に筆者作成。

　組織コントロールにおいて，公式メカニズムと非公式メカニズムは，ともに重要である。公式メカニズムでカバーできる範囲は限られており，非公式メカニズムは無限ともいえる。本社と海外子会社の関係において，子会社の成熟度，経営層か実務職か，研究開発か生産か，それとも販売か，などの職能によっても力点は異なる。そして，国際経営の進展とともに，親会社と子会社の関係，統制の仕方，統制する内容が進化する点に注目したい（**図表5-2**）。公式メカニズムと非公式メカニズムは，どちらか一方ではなく，両者が補完し合うことが重要である。子会社が最大限の力を発揮できるような，組織構造の設計と経営プロセスの調整が求められる。

 子会社の分類

　海外子会社といっても，設置される市場の重要性，経営資源と組織能力，与えられた役割によって一律ではない。子会社でありながら，重要事項の意思決定を含め，自律的な経営を行っているところもあれば，ほぼすべて親会社の指示に従い，限られた範囲の業務を実行するだけのところもある。ここでは，Jarillo = Martinez（1992）の分類に従って，子会社の特徴を整理してみよう[4]（**図表5-3**）。1つの軸は，海外子会社が現地市場にどの程度適応しているか，現地化の程度が高いか低いかによるものである。もう1つは，海外子会社が，親会社が主導するグローバル経営にどの程度統合されているかである。この2

第5章　国際経営組織

図表5-3 ◆ 海外子会社の分類

(出所) Jarillo, J.C. and J.L. Martinez（1992）,"Different roles for subsidiaries: the case of multinational corporation in Spain," *Strategic Management Journal*, 11, pp.501-512.

つの基準で海外子会社を4つに分類し，それぞれの特徴を理解しよう。

不活発な子会社は，グループ経営への統合度も低く，現地市場への適応も弱い子会社であり，現地市場がそれほど競争的でない成熟期の汎用製品の分野で多く見られる。受動的子会社（B）は，国際経営の初期に多く見られる形態で，子会社の経験が乏しく，経営資源も不十分なため，親会社主導で子会社が運営される。親会社からの派遣される駐在員が子会社の経営者となり，主要な役職を占め，本社流のやり方で直接統治する。そのため，現地市場の細かな要請に十分に応えることができないケースも多い。

他方，自律的子会社（C）は，親会社の統制が緩く，外資系企業でありながら，現地市場の要請に的確に対応し，あたかも現地企業のように振る舞うことができる「自立的な」子会社でもある。この場合の親子関係は，権限規定を明確にし，手続きを重視することで，子会社を統制しようとするが，経営理念や価値観など非公式メカニズムが十分に働かないおそれがある。

能動的子会社（A）は，現地市場への適応の程度も高く，親会社によるグループ経営への統合も高い子会社である。親会社に要請され，期待される役割を果たし，グループのなかで重要な役割を担う一方で，現地市場においても，市場と顧客からの要請に応え，有効な経営活動を行える会社である。このように能動的な経営が可能な子会社への制御メカニズムは，経営理念，価値観，ビ

57

ジョンを共有する非公式メカニズムを主に，日常的な経営プロセスを規定する公式メカニズムが従になるような形態が望ましい。成熟した子会社に対する過度のコントロールは，子会社の組織能力を不活発にし，無形資産の価値を毀損するおそれがある。

センター・オブ・エクセレンス（COE）としての子会社

　前項の能動的海外子会社はセンター・オブ・エクセレンス（COE）と位置付けることができる(5)。それは，既に議論したように，現地市場において，期待される役割を果たす自律的子会社であるに留まらず，親会社や他のグループ会社の事業活動に対しても，さまざまな形で貢献できる海外子会社のことである。

　COEの主な役割は一律ではないが，例えば，地域統括会社として，欧州事業の経営という任務が与えられたり，特定事業に関して世界市場の経営責任を負ったりするような子会社である。また，新しい管理手法，新技術，新製品など，経営活動におけるベストプラクティスを開発し，本社を含む他国の子会社にそれらを普及させる役割を担う子会社である。こうした子会社と親会社の関係は，もはや上下関係ではなく，パートナーとして，全社戦略や事業戦略の立案と実行において協業できるような関係といえる。

　このようなCOEとしての子会社の開発プロセスは，親会社主導でそうした子会社を誕生させたり，育成したりする場合が1つである。すなわち，M&Aによって，組織能力に優れた組織を傘下に取り込んだり，技術移転，設備投資の優先配分などによって，子会社の能力を飛躍的に高めたりすることである。本社機能の多くを担う地域統括会社はこの典型例である。他方，海外子会社が自ら経営資源と組織能力を向上させ，COEとして評価されるようになることもある。現地市場向けのイノベーションに成功するだけでなく，そのなかの普遍的な要素を抽出し，本国市場を含む他市場にも適用可能な形態にして普及させる役割を任う場合である。海外子会社の能力をいかに活用できるかは，グループ全体の競争力につながる。本社には，子会社の育成とともに，子会社の実力を的確に判断する能力が求められる。

　新興国発の多国籍企業は，国際化が緒に就いたばかりであり，ごく一部を除

いて，国際経営を行う組織構造も経営プロセスもまだまだ初期段階といえる。先進国多国籍企業や同事業の一部をM&Aによって手に入れるような例を除き，子会社が主導的役割を演じるようになるまでには，まだかなりの時間が必要と思われる。

3 地域統括会社

　巨大多国籍企業は，一般に事業を世界中に拡大するだけでなく，事業も同時に多角化している。かつて，主要事業の売上高比率の高い多国籍企業は地域事業部制に進み，多角化が進展している多国籍企業は製品事業部制へと進み，両者とも事業の拡大に伴って，地域軸と製品軸のマトリックス組織へと進化すると考えられた[6]。しかし，巨大組織をそのような一律の原則に従って再編することは困難である。その時々の社内外の環境をにらみ，多国籍企業は地域軸と事業軸の両者に対してバランスの取れた経営を実現するという課題に取り組んできた。

　国際経営環境が複雑化し，広範に及ぶようになり，統合と適応をバランスさせることが，以前とは比べ物にならないほど，困難になった。本社による統合といっても，世界各国に設置する子会社数が数十から数百社を超えるようになり，遠隔地の本社から現地での経営活動を把握することが困難になった。また，各国子会社が現地化を進め，部分最適を実現できたとしても，それがグループ経営における全体最適にますます直結しなくなってきた。

　欧州では1992年の市場統合，翌年のマーストリヒト条約発効と欧州連合（EU）への衣替えを見越して，1980年代の終わりから米国や日本など域外の多国籍企業による欧州統括会社の設置が加速した。その後は北米でも，アジアでも地域統括会社を設置する動きが相次いだ。

　地域統括会社[7]の主要な機能と期待される役割について，欧米多国籍企業と日本の多国籍企業には特徴的な差異がある。欧米勢は当初より，国際財務・税務戦略の一環として，計画的（戦略的）に地域統括会社を立ち上げるケースが多かった。他方，日本勢は，域内で共通する顧客への販売やサービスを一元化する必要性に迫られたり，域内の生産拠点の分業や調達の調整を行う機能が必

要になったりして，自然発生的に地域横断的な経営支援を行う目的の地域統括会社が設立されることが多かった。

地域統括会社の役割として，域内の各国子会社へのアドバイスや域内業務の調整と支援，あるいは共通業務の集約など，スタッフ機能に特化する場合がある。スタッフとしての地域統括機能を越えて，本社から域内事業への一定の投資権限を委譲され，投資回収責任を負うとともに，各国子会社の業績を評価し，地域全体の採算責任を負う，事業部あるいは社内カンパニーとしての役割を担う場合もある。このケースでは，地域戦略のグランドデザインを描き，自ら司令塔の役割を果たすことになる。

主要事業の海外売上比率の高い多国籍企業においては，事業領域の拡大に伴って，地域統括会社の役割が増し，採算責任を負う地域本社へと進化する場合が多い。他方，事業の多角化が進んだ多国籍企業においては，事業単位で世

Column 5-1　日本企業のシンガポール地域統括会社

横河電機　（2005年設立）	インダストリアル・オートメーション事業の海外事業統括
三井物産　（2007年設立）	アジア・大洋州三井物産設立
住友商事　（2008年設立）	アジア住友商事会社設立
丸紅　　　（2009年設立）	ASEAN地域の広域一体運営の強化目的
三菱化学　（2009年設立）	テレフタル酸の本社機能
東芝　　　（2010年設立）	テレビ事業の地域統括
日立エレベータ（2010年設立）	東南アジア，インド，中東の昇降機事業の統括会社
キリン　　（2011年設立）	東南アジア地域統括会社
三菱化学　（2011年設立）	高機能エラストマー事業の本社機能
日進食品　（2011年設立）	アジア戦略本部
HOYA　　（2011年設立）	白内障手術用眼内レンズ事業本部を米国より移転
日清紡　　（2011年設立）	ASEAN子会社への財務支援と内部統制支援
パナソニック（2011年設立）	調達物流本部機能
日立プラント（2011年設立）	東南アジアを対象とする地域統括会社
不二製油　（2012年設立）	東南アジア子会社の統括

（出所）日本貿易振興機構（2012）『ジェトロ世界貿易投資報告』ほか各種資料。

界市場に対応するものの，欧州，北米，アジアなど各地域において，共通化すべき機能もある。財務・税務，人事などスタッフ機能の一部を地域単位で集約し，地域統括会社で担うことは自然の流れといえる。

地域統括会社が設置される市場は企業によって，事業の性格によって異なるが，東南アジアに限っていえば，シンガポールが選ばれることが多い。中国は地域ではなく，一国であるため，「中国事業を統括する地域統括会社」というのは矛盾する表現である。しかし，中国各地に多数の子会社や関連会社，駐在員事務所を設置する多国籍企業においては，中国事業を統括する必要性は高く，持株会社などを設置することが多い。かつては，香港が多かったが，近年は上海か，あるいは北京が選ばれることが増えた。

★考えてみよう

1. ハイアラキー組織とネットワーク組織の特徴を整理してみよう。
2. 公式メカニズムと非公式メカニズムによる組織の統制とは何か，自身が所属する組織を例に具体例を挙げてみよう。
3. シンガポールには多国籍企業の東アジア地域統括会社が多く設置されているが，同地がそうした機能に適している理由を考えてみよう。

★読んでみよう

1. 太田正孝（2008）『多国籍企業と異文化マネジメント』同文舘。
2. Ghoshal, S. and D.E. Westney (eds.) (1993), *Organization Theory and the Multinational Corporation*, New York, NY: St. Martin Press.（江夏健一監訳『組織理論と多国籍企業』文眞堂，1998年。）
3. 高橋意智郎（2008）「多国籍企業の組織戦略」江夏健一ほか編『国際ビジネス入門』中央経済社。
4. 山口隆英（2004）『多国籍企業の組織能力―日本のマザー工場システム』白桃書房。

【注】

(1) 高橋意智郎（2008）「多国籍企業の組織戦略」江夏健一ほか編『国際ビジネス入門』中央経済社。
(2) シングルループ学習が組織の基本的価値観を維持する漸進的な学習であるのに対して，ダブルループ学習は組織の基本的価値観の変化を伴う断続的な学習である。
(3) Argyris, C. (1993), *On Organizational Learning*, Cambridge, MA: Blackwell.
(4) Jarillo, J.C. and J.L. Martinez (1992), "Different roles for subsidiaries: the case of multinational corporation in Spain," *Strategic Management Journal*, 11, pp.501-512.
(5) Frost, T. S., J. M. Birkinshaw and P. C. Ensign (2002), "Centers of excellence in multinational corporations," *Strategic Management Journal*, 23 (11), 997-1018.
(6) Stopford, J.M. and L.T. Wells (1972), *Managing the Multinational Enterprise: Organization of the Firm and Ownership of Subsidiary*, New York, NY: Basic Books. (山崎清訳『多国籍企業の組織と所有政策』ダイヤモンド社，1976年。)
(7) 例えば，森樹男（2004）『日本企業の地域戦略と組織—地域統括本社制についての理論的・実証的研究』文眞堂を参照されたい。

第 II 部

国際ビジネスモデルの進化

第Ⅱ部で学ぶこと

　第Ⅱ部は国際ビジネス理論の進化について検討する。一見両立が困難で二律背反と思われている対立命題の両立を企画し，実行するなかで，企業は競争優位を手に入れることができる。各章の第1節ではそれまでの常識は何であったか，第2節は常識を覆し，対立命題を両立しようとする新たな国際ビジネスモデルを提示し，第3節は課題と展望について議論する。

　多国籍企業論は，当初，絶対的な競争力を保持する大企業が他国でその優位性を活用するときに多国籍企業が生まれるとした。しかし，その後は，国際化する過程でいかに競争優位を手に入れるかという，国際化戦略，国際経営組織への関心が高まった。また，国際化の過程というよりは，十分に国際化した多国籍企業が世界規模で事業を運営する中で，どのように競争優位を積み上げることができるのかという点が注目されるようになった。

　多国籍企業が経営資源や意思決定を親会社に集中するか，それとも海外子会社に委譲し，分散するかは対立命題であるが，トランスナショナル・モデルは両立を図る中で競争優位を手に入れることができるとした（第6章）。メタナショナル・モデルは自社内の経営資源に依存するだけでなく，世界に散らばる外部の経営資源を有効活用するプロセスを示し，両者のバランスを図ることで一段高い競争優位を獲得できるとした（第7章）。21世紀に入り，新興市場の重要性がますます高まっており，新興市場における勝者が世界を制するかのような議論さえ見られる。新興市場が重要であることに疑問の余地はない。しかし，先進国市場の役割と重要性が損なわれたわけではない。要は，いかに先進国市場と新興市場の攻略と活用を両立するかということが重要なのである（第8章）。

第6章
トランスナショナル・モデル
―― 集中と分散の両立

> **Key Words**
>
> 競争優位，二律背反，対立命題，ヘテラルキー・モデル，統合ネットワーク，理念モデル

◆はじめに◆

　多国籍企業論は，当初，圧倒的な競争優位を持った大企業が，国境を越えて自ら競争優位を行使する時に，企業は多国籍化すると理論付けた。1980年代後半になると，多国籍化の過程で競争優位を手にする企業が散見されるようになり，競争優位の獲得プロセスを探究する国際経営論が主流となった。トランスナショナル・モデルは，集中と分散の二律背反の課題を高次元で両立するために提案された。親会社と自立した海外子会社がネットワークを形成し，相互学習を通じてグループ全体の競争力を向上させることができるとした。

1 ｜「二兎を追う者は一兎をも得ず」か？

　まずはごく簡単に国際ビジネスの理論展開について概観しよう[1]。半世紀以上前に「多国籍企業」という名称が生まれ，なぜ企業は国際化するのかという疑問に応える形で，多国籍企業論という新しい学問分野が誕生した。先進国の巨大企業は絶対的ともいえる競争優位を保有するからこそ，自社の主要活動を，国境を越えて展開できるという産業組織論に基づく分析がなされた（S.ハイマー）。また，その競争優位は他社に貸与（ライセンシング）するよりも，自ら海外子会社を設立し，自社内で活用する方が低コストである場合に，企業は多国籍化するという論理に基づく，内部化理論が提案された。いずれも高い競争力を持つ先進国企業が多国籍企業になるとの前提であった（伝統的な親子会社関係については**図表6-1**を参照されたい）。しかし，1980年代後半になると，

多国籍化しながら，競争優位を積み上げるための経営戦略と組織運営に関心が移行した。そして，1990年代に一世を風靡（ふうび）したのが，本章で取り上げるトランスナショナル・モデルである。

Column 6-1　多国籍企業はアウェーでも常に勝つ！

　国際ビジネスが本格化し，「多国籍企業（multinational corporation）」という名称が新たに生まれた1960年前後，本業を，国境を越えて展開するのは絶対的な優位性のある大企業に限られていた。スポーツの世界に置き換えるならば，大きなハンディキャップを負うアウェーの試合でも確実に勝利できる戦力がなければならない。たとえ，地元チームに有利な判定をたびたび下すレフェリーがいたり，試合の途中でルールが一方的に変更され，アウェーチームが著しく不利になったりしても，必ず勝たなければならないのである。そうした絶対的な強みを持つチーム（会社）だけが，多国籍化できると考えられた。

図表6-1 ◆伝統的な多国籍企業組織

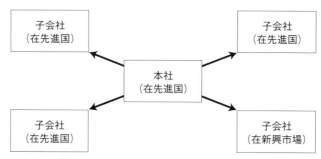

本社から子会社へのフロー：
①経営資源（意思決定を行うヒト，主要な企業活動
　［生産，研究開発など］，内部留保，知識などの無形資産）
②意思決定プロセスへの関与
③その他さまざまな経営活動の各社への配分

（注）この図は多国籍企業組織を上から見た場合である。本社から一方的に子会社に経営資源等が移転されるような階層組織であれば，本社を上位に子会社は下位に位置付けるピラミッド型の構造の方がわかりやすい。
（出所）筆者作成。

本節では、トランスナショナル・モデルの意義を明確にするために、それ以前の企業経営における常識とは何だったのかについて議論する。それは「二兎を追う者は一兎をも得ず」である。M.ポーターは経営戦略の一般モデルのなかで、2つのあるべき戦略を提示した。低コストを武器に市場シェア拡大を図るコストリーダーシップ戦略と他社との製品差別化により非価格競争を展開する差別化戦略である。コストと差別化を両立しようと思えば、両者の「中間で釘づけ（stuck in the middle）」の状態になってしまうというわけである。同様に、世界市場の共通性が高いグローバル産業の一員であればグローバル戦略を、各国市場の特殊性が高い産業はマルチドメスティック戦略を採用すべきであると説く。規模の経済で効率化を追求するグローバル統合と現地適応で市場ニーズに効果的に応えるローカル適応は二律背反であり、いずれかの選択こそが重要であると主張した。欲張って対立命題の両方を手に入れようとすれば、両方を失いかねないというのであり、それが常識であった。

国際経営の分野から二律背反モデルに異を唱えたのが、G.ヘドランド（ヘテラルキー・モデル）であり、Y.ドズとC.K.プラハラード（I-Rグリッド）であった。そして、その到達点がトランスナショナル・モデルであり、「二律背反」を高次元で両立できるし、すべきであると主張した。1980年代の終わりから1990年代を通じて、国際ビジネスの主要モデルになり、関連分野の研究、教育、実務において参照されるようになった。

Column 6-2　経営資源は親から子への一方通行！

在外子会社は本社の経営資源の一部移転をもって設立される。親会社から子会社への長期に亘る経営資源の移転があって、ようやく子会社は独り立ちできるようになる。人間の親子関係と同じである。子が成人して初めて、親子間で役割を分担する意味が出てくるし、「集中と分散」といった経営課題も浮上するのである。

第Ⅱ部　国際ビジネスモデルの進化

図表6-2 ◆ 3つのジレンマ克服のための国際ビジネスモデル

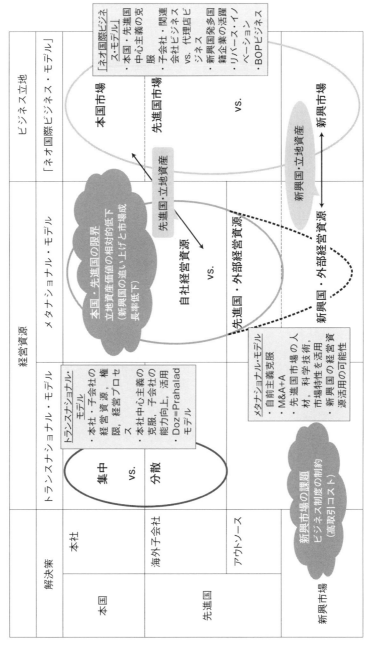

(出所) 筆者作成。

2 トランスナショナル・モデル(2)

1 特　徴

　トランスナショナル・モデルは多国籍企業経営における二律背反の課題を克服するための理想的な形態として提案された。多国籍企業は世界中で事業を展開し，研究開発，生産，マーケティングにおける規模の経済を享受することができる。すなわち，グローバル統合によって競争力を向上させることができるのである。しかし，その反面，各市場の要求に十分に応えられないという弱点がある。他方，市場ごとの要請に応え，ローカル適応を深めれば深めるほど，グローバル統合の果実を手に入れることができないというジレンマが存在する（**図表6-2**のトランスナショナル・モデル欄を参照されたい）。

　しかし，巨大企業との競争と並行して，有力なローカル企業とも競争しなければならない多国籍企業にとって，いずれかの戦略（一兎を狙う）だけでこと足りるほど，市場競争は緩やかではない。実際，競争力に優れる企業であればあるほど，コスト競争力のみならず，製品の差別化に成功しており，それを実現するための多国籍企業の経営モデルが求められるようになった。対立命題を両立するための競争戦略を採用する必要性を唱え，そのための組織モデルを提示したところにトランスナショナル・モデルの意義がある。

2 伝統的な3つのモデル

　伝統的な3つのモデルがある（**図表6-3**）。まず1つは，ユニリーバ，フィリップスなど欧州企業に代表される権限分散型のマルチナショナル経営である。欧州企業は伝統的に各国子会社に権限を大幅に委譲（いじょう）し，日常的な事業運営において子会社はあたかも独立した企業のように振る舞った。周知のとおり，第二次大戦が終わるまで隣接する国同士の関係が常に不安定であり，そうした政治情勢への対応策でもあった。むろん，通信，交通などの技術面の制約が大きかったこともその理由であった。

　戦後，親子会社が共通の経営目標のもと事業運営できるようになり，米国を

図表6-3◆伝統的な3つの経営モデル（1980年代）

モデル	マルチナショナル	グローバル	インターナショナル
タイプ	権限分散型	中央集権型	親子会社間調整型
地域	欧州	日本	米国
代表的企業	ユニリーバ フィリップス	花王 松下電器	P&G GE
内容	親子関係は出資と配当 事業関与乏しい 重複投資・事業	親から子への一方通行 効率性 子会社自立の遅れ	経営資源は親に集中 低コスト国際経営 競争力に乏しい海外事業

(出所) Bartlett C.A. and S. Ghoshal (1998), *Managing Across Borders: The Transnational Solution, Second Edition*, Boston, MA: Harvard Business School Press.

中心に「多国籍企業」が誕生した。しかし，欧州の伝統は戦後も継続した。親会社と子会社の関係は単純化するならば，主にカネによる結びつきだったといえる。親会社から子会社へは資本の供与，それに対して子会社は事業計画に基づき配当する関係であって，子会社の事業内容に対する親会社の関与は限定的であった。子会社は自立的な経営を行うことのできる人材，カネ，技術などの知識を保有していた。しかし，米国や日本企業との競争に際して，企業グループとしての一体性に欠け，効率面で大きなハンディキャップを負うこととなった。

2つ目は，花王，松下電器（現パナソニック）など日本企業に代表される中央集権型のグローバル経営である。日本企業は欧米企業に比べ，国際化の各段階において時間的ギャップがあり，1980年代の時点ではヒト，カネ，生産活動，技術などの無形資産を本国に集中させていた。もちろん，既に一定数の多国籍企業は海外に複数の生産拠点と販売拠点を保有していたが，重要な意思決定は本社でなされていた。

グローバル経営の強みは，経営資源を本国に集中させることでコスト競争力を徹底的に磨き，安価な優れた製品を世界中に供給することで市場の拡大を可能にした点である。また，本社に経営資源を集中するため，一貫した戦略のもと，標準化された経営手法によって世界市場に相対することができた。他方，子会社における経営資源の蓄積が遅れるとともに，各国ローカル市場の特殊性への対応が苦手という弱点を抱えていた。

3つ目は,プロクター・アンド・ギャンブル(P&G),ジェネラル・エレクトリック(GE)など米国企業に代表される親子会社間調整型のインターナショナル経営である。米国は世界最大かつ最先端のリードマーケットである。欧州企業も日本企業も本国市場が重要な点に変わりはないが,長らく米国市場での1位は世界の1位であり,米国企業にとっての本国市場は特別の意味を持っていた。世界レベルの米国企業は,本国で蓄積した豊富な経営資源により他国での事業展開も容易であり,早くから国際化を推進してきた。

1980年代までの米国企業は,本社に重要な経営資源を集中させる一方で,海外事業へは限定的な経営資源の配分を行うに留めることができた。人事面では国際事業専門のマネジャーを最低限派遣し,本国で衰退期に入った製品を効率的に現地生産し,販売できるよう十分にマニュアル化された技術とシステムを移転する戦略であった。米国企業が得意とするマニュアル化,システム化が強みを発揮した。米国企業のブランド力は絶大であったが,1980年代に入ると,米国以外の世界市場の成長と欧州企業や日本企業の競争力の向上に伴って,世界市場で苦戦を強いられるようになった。

伝統的な3つのモデルは各市場の歴史的な経緯(経路依存性)によって形成され,一定の環境の下では強みを発揮してきたが,他方,弱みも抱えていた。そして,それらの長所と短所は一見すると二律背反の関係にあり,両立が困難と考えられてきた。しかし,多国籍企業間の競争,ローカル企業との競争が激しさを増し,市場競争が世界中に広がる中,競争優位を維持拡大するためには二律背反の壁を乗り越える新たな経営モデルが模索されるようになった。

③ トランスナショナル・ソリューション

二律背反の課題を解くカギとして,C.バートレットとS.ゴシャールが提唱したのがトランスナショナル組織であった(**図表6-4**)。多国籍企業が世界規模での効率性とローカル市場への適応(柔軟性)を両立させ,それを継続するために親会社と各国子会社が相互に学習できるような組織形態である。その前提として,各国子会社は一定の経営資源を蓄積することが求められる。グローバル企業やインターナショナル企業のように,親会社が決めた低次元の業務を単に実行するだけの子会社ではない。マルチナショナル企業のように自立可能で

図表6-4◆トランスナショナル組織：統合されたネットワーク

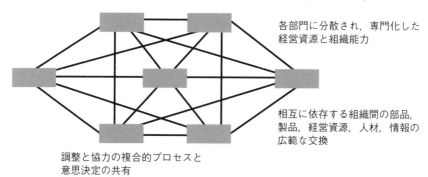

各部門に分散され，専門化した経営資源と組織能力

相互に依存する組織間の部品，製品，経営資源，人材，情報の広範な交換

調整と協力の複合的プロセスと意思決定の共有

（出所）Bartlett C.A. and S. Ghoshal (1998), *Managing Across Borders: The Transnational Solution, Second Edition*, Boston, MA: Harvard Business School Press.

あっても，親会社やグループ企業との連携に無頓着な子会社ではない。各子会社が専門化された経営資源と組織能力を蓄積し，特定分野では親会社を含むグループ全体の司令塔になり得るような子会社である。また，親会社と各子会社間の双方向のネットワークだけではなく，子会社同士もヒト，モノ，情報が広範に交換されるような密な社内ネットワークである。子会社は親会社のミニチュアではなく，それぞれが個性を持ち，得意とする分野を有する異なる性格の子会社によって構成されるという意味で，差別化された統合ネットワークとしての多国籍企業組織である。

経営資源の多くが親会社に蓄積され，重要な意思決定が本国で行われるとしても，特定の領域ではリーダー役の子会社がイニシアティブを発揮して，グループ全体の調整を経て，戦略が実行できれば，より優れた経営が実現する。例えば，a事業において，本国よりもA国市場が世界の主要市場なため，本社よりもA国に設置したAa子会社に優れた経営資源が蓄積されているとすれば，a事業の中心は本社ではなく，Aa子会社が担うべきであろう。グループのリーダーとなり得る事業や製品を持つ各国子会社，研究開発や生産活動などの特定職能においてグループのけん引役となる子会社が複数存在するような企業グループは，それが可能である。そして，親会社，各国の子会社が相互に学習し合うような密なネットワークが構築できれば，グループ全体の経営資源と能力

の向上が大いに期待される。そうした多国籍企業の組織形態がトランスナショナル組織である（**図表6-5**）。

図表6-5◆資生堂のCOE（Center of Excellence）

地域	拠点（事業本社）	得意分野	商品
アジア	東京	スキンケア	洗顔料，乳液
米州	ニューヨーク	メーキャップ	口紅，アイシャドー
欧州	パリ	フレグランス	香水

(出所) 資生堂・魚谷雅彦社長の日本マネジメント学会全国大会（2015年6月13日，専修大学）での講演。

　かつて，企業の組織設計は，経営者が戦略に従って組織構造を決めれば，意思決定・情報伝達プロセスは自然と形成させるものと考えられてきた。経営プロセスを積み重ねることで，組織メンバーの心理的一体性が醸成され，自然と組織文化が形成された。しかし，トランスナショナル組織は親会社から子会社への一方通行でも，トップダウンの組織でもない。組織文化に変革がもたらされ，組織内のネットワークが円滑になり，その結果として親子会社間の組織構造が形付けられる。そうしたボトムアップ型経営プロセスがトランスナショナル組織の特徴であり，強みとされた[3]。

Column 6-3　キヤノンのトランスナショナル組織

　キヤノンは世界3極体制を確立し，各極の強みを活かし，事業ごとの本社機能を日米欧に配置する。3極市場でそれぞれ独自に製品を開発し，相互供給することで，迅速な意思決定を目指す。

各極	担当事業（本社機能）
日本	事務機，カメラ
米国	医療機器
欧州	商業用印刷機，ネットワークカメラ

(出所)『日本経済新聞』「世界3極体制前進」2015年2月11日。

3 課題とその後

　トランスナショナル組織は二律背反の難問を解決し，学習を通じて継続的な競争優位構築を可能にする魅力的な経営モデルである。しかし，どのような道筋をたどればトランスナショナル組織が可能になるのかはつまびらかではない。そもそもトランスナショナル組織を全社的に実現したモデルは明確ではなく，理念モデルにすぎないと批判されることが多かった。C.A.バートレットとS.ゴシャールの念頭にあったのはIBMといわれるが，それを事例として詳細に記述することはなかった。アセア・ブラウン・ボベリ（ABB）もトランスナショナル・ソリューションを実践する企業といわれたが，2000年前後を境にトップのスキャンダルと業績悪化に見舞われた。実際のところ，トランスナショナル・ソリューションを実現するためのハードルは極めて高い。世界中に子会社を設置し，さまざまな事業を広範に展開し，数十万人の社員によって構成される多国籍企業が組織全体として，「理想的な」経営プロセスを実行できるかどうかは疑わしい。筆者は多国籍企業の特定事業，特定の時期など限定的な範囲であっても，トランスナショナル・ソリューションによって二律背反の壁を突き抜けることができるのであれば，それで十分ではないかと考えている。そこにこそトランスナショナル・モデルの意義はあるし，実際そのような限定的な範囲であれば，こうした経営プロセスは思いのほか多く発見できる。

　現在の視点からトランスナショナル・モデルの限界として指摘できるのは，活用すべき経営資源を多国籍企業の組織内に限定していることである。さらにいえば，現実的に対象となるのは先進国の主要子会社であって，発展途上国の子会社は対象外であった。もっとも当時の現実を踏まえれば当然ともいえる。その後，新興国の子会社や社外の経営資源の獲得と活用の重要性は大いに高まっている。それらを活用することが，競争優位につながるとの議論は次章以降で紹介する。

第6章　トランスナショナル・モデル

★考えてみよう

1. 任意の多国籍企業を選択し，多国籍化のプロセスをレビューし，多国籍化の背景について考えてみよう。
2. トランスナショナル・モデルを部分的に取り入れている企業を探し，どの事業や地域で実践されているか考えてみよう。
3. 組織化されたスポーツや芸術の分野で，トランスナショナル・モデルが一部適用されている事例はないか検討してみよう。

★読んでみよう

1. 江夏健一ほか編（2008）『国際ビジネス理論』中央経済社。
2. Ghoshal, S. and C.A. Bartlett (1997), *The Individualized Corporation: A Fundamentally New Approach to Management*, Harper Business.（グロービス・マネージメント・インスティチュート訳『個を活かす企業―自己変革を続ける組織の条件』ダイヤモンド社，1999年。）
3. Bartlett, C.A. and S. Ghoshal (1989), *Managing Across Borders: The Transnational Solution*, Boston: MA, Harvard Business School Press.（吉原英樹訳『地球市場時代の企業戦略』日本経済新聞社，1990年。）

【注】
(1) 国際ビジネスの理論研究の変遷については，江夏健一・長谷川信次・長谷川礼（2008）『国際ビジネス理論』中央経済社などを参照されたい。
(2) Bartlett, C.A. and S. Ghoshal (1989), *Managing Across Borders: The Transnational Solution, Boston*: MA, Harvard Business School Press.（吉原英樹訳『地球市場時代の企業戦略』日本経済新聞社，1990年。）
(3) Ghoshal, S. and C.A. Bartlett (1997), *The Individualized Corporation: A Fundamentally New Approach to Management*, Harper Business.（グロービス・マネージメント・インスティチュート訳『個を活かす企業―自己変革を続ける組織の条件』ダイヤモンド社，1999年。）

第7章
メタナショナル・モデル
——外部経営資源の活用

Key Words

外部経営資源，粘着性，自前主義，リードマーケット，マグネット，実存的知識，固有知識

◆はじめに◆

　トランスナショナル・モデルは本社と海外子会社間のジレンマの解決を図るために提案されたが，関心は自社内に留まり，社外の経営資源に目を向けるものではなかった。メタナショナル・モデルは社内と外部の経営資源に関するジレンマへの解決策を示すことを意図したモデルである。

　知識経済の進展に伴って，リードマーケット以外を出自とする企業も，世界的に存在感のある事業を展開したり，リーダー企業になったりすることができるようになった。それは，本国・本社の経営資源にこだわらず，自社が活用可能な優れた知識など，情報的経営資源を世界に求め，事業立地に移転し，自社に取り込むことで競争力の向上を図ったからである。メタナショナル経営は外部の経営資源を自社内に取り込み，融合し，有効活用する。ただし，高い組織能力がなければ，メタナショナル経営は実現しない。しかし，成功すれば，模倣困難な競争優位を享受することができる（**図表6-2**）。

1 本国・本社の経営資源の絶対性？

　比較優位産業は，当該産業に従事するうえで必要な経営資源を容易に手に入れることができるし，コスト面でも優位性を享受できる。そのため，当該企業はそうした有利な立場を利用し，経営資源の蓄積に努めることができる。国際化段階説では，企業は本国での事業活動を通じて経営資源を蓄積し，更なる成長を志向し，海外市場への参入を図るとされた。本国にアクセスが容易な大規模な販売市場があったり，価値ある経営資源を手に入れやすかったりする企業は，有利な立場で事業を展開でき，グローバルプレーヤーへの道が拓ける可能

性が高い。例えば，石油産業は初期に有力な油田が発見された米国を中心に発達し，機械産業はモノづくりと匠の技に一日の長のあるドイツ，家電・エレクトロニクスは厳しい国内競争によって鍛えられた日本に，それぞれ優位性があった。天然資源の賦存，経路依存性による当該産業に関連する知識と能力の蓄積，製品に対する厳しい評価など市場特性によって，特定産業の世界の中心市場が形成されることになる。逆にいえば，中心市場でない辺境生まれの会社が，世界をリードすることは考えにくかった。

　グローバルプレーヤーが世界的に優れた本国・本社の経営資源を自ら最大限利用し，世界市場で事業展開するのは当然である。他者から学ぶべき知識，活用すべき経営資源はそれほど多くないし，社外から得るべきものは少ない。無理に社外の新しい知識や経営資源を取り込もうとしても，それ相応の取引コストがかかり，それを上回る大きな成果が期待できなければならない。したがって，国際経営の手法としては，本社で開発された知識や手法をいかに海外の子会社に移転するか，子会社はいかに本社に近づくか，本国の知識をどの程度吸収できるかがポイントとなる（プロジェクション・アプローチという）。自前主義の徹底である。

　しかしながら，国境というハードルが低下し，業界の秩序が維持できない大競争時代を迎え，いかなる企業も自前主義だけでは競争優位を維持することが難しくなっている。M&Aやアライアンスが日常化しているのは，そのことを雄弁に物語っている。いかに他社の経営資源を取り込み，自社の競争優位につなげるかが重要になってきた。優れた経営資源を発見し，それを自社組織に取り込み，既存の経営資源との結合を図らなければならないが，そのためには高いレベルの組織能力が不可欠である。自社経営資源と外部経営資源の活用をどのようにバランスさせるか，このジレンマの解決策として提示されたのがメタナショナル・モデルであった。

2 メタナショナル・モデル

特　徴

　メタナショナル経営を提唱したY.ドズ，J.サントス，P.ウィリアムソンが *From Global to Metanational* を出版したのは2001年であった[1]。副題を邦訳すれば「会社はいかに知識経済のなか勝ち抜くか」となる。メタ（meta）というのはギリシャ語で超えることを意味する。トランスナショナル経営のトランス（trans）が国境を物理的に越えることを指しているのに対して，メタは抽象的意味で本国のさまざまな条件を超越し，克服する，より高次の経営を指している。「グローバルから」というのは，地球上が一様の世界になったという市場観に基づく「グローバル経営」ではなく，各国の違いを前提にそれを超越しようとの意気込みがうかがえる。

　知識経済というのは，かつてのように資本優位や独占といった市場構造が企業の経営成果を決定付けるのではなく，無形資産としての知識が決定的な意味を持ち，それをいかに活用できるかが，ますます重要になった現代の競争環境を指している。そして，重要な知識は無色透明で中立的な立地に存在するのではなく，特定市場の文化と密接な結びつきを持っている。すなわち，知識は不用意にほかに移転しても十全に活用することができず，特定立地との「粘着性（stickiness）[2]」を持っているのである。そして，そうした知識はこれまで考えられていたように，比較優位の立地にのみ存在するのではなく，当該産業における辺境市場，場合によっては新興市場にも存在することが明らかになった。Y.ドズらが例示した「間違ったところに生まれた」ノキアの携帯電話事業，サントリーのワイン事業，資生堂の香水事業，STマイクロエレクトロニクスの半導体，エーサーのPC事業の存在が，メタナショナル・モデル開発の基礎となった。

　フィンランドには携帯電話の世界的プレーヤーを生み出すような市場も技術も存在しなかった。日本にもワインと香水で世界に注目されるような企業を育てる土壌はない。フランスとイタリアの半導体，台湾のPC事業も同様である。

第7章　メタナショナル・モデル

しかし，これらの企業は本国が優位性を享受できるような環境にないことを自覚し，社外に，そして世界に自社にとって有益な知識はないか探索し，それらを自社の事業に取り込み，活用することで世界的に注目される事業を生み出すことができたのである。本国・本社至上主義と自前主義の克服によって競争優位の構築に成功したのである。

> **Column 7-1**　ボーイングのメタナショナル・アプローチ：
> ロシア市場へのコミットメント
>
> ボーイングは体制転換直後からロシアでのビジネス活動に着手し，広範な活動を展開し，それぞれを有機的に結びつけることに成功した。同社は1995年に国有資源会社（VSMPO-AVISMA）とチタンの長期受給契約を締結した。他方，ソフトウエア開発のデザインセンターを開設し，ロシアの国産ジェット（スホイ100）への開発協力，技術者の訓練などロシアの航空産業との友好関係を深めてきた。また，ロシア政府との間でボーイング787の開発にロシア企業が参加するための協定を締結し，産出直後のチタンを用いた航空機部品を生産するための合弁会社ウラル・ボーイング・マニュファクチャリング（ボーイングとVSMPO-AVISMAの折半出資）を設立した。ボーイングはチタンの安定受給，人的資源の確保，航空機市場へのアクセスに成功したのである。その要因はボーイングがロシア市場に早くから一貫してコミットしてきたことによる。自社の立場を明確にし，不確実性が高いにもかかわらず，交渉相手（ロシア政府と国有企業）と信頼を積み重ねることで，ウィンウィンのビジネスを構築できた。
>
> （出所）今井雅和（2012）「ビジネス立地としての新興市場を考える」『多国籍企業研究』第5号，19-37頁。

　メタナショナル経営の3つのプロセス

メタナショナル経営を実現するためには3つのプロセスがある（**図表7-1**）。第1のステップは「感知（sensing）」である。世界中に偏在する新たな能力，革新的な技術，先端市場や主要顧客に関する情報を収集し，そのなかから自社にとって有用な知識を獲得する必要がある。そのためには，新たな市場や技術を予知し，そうした知識にアクセスし，入手する能力が求められる。要は，世界から学ぶという姿勢とそのために必要な行動を取らなければならないという

わけである。かつてのように本国・本社にこだわったり、自社の能力を過信したりするようでは、新たな経営資源候補を感知することはできない。

図表7-1◆メタナショナルプロセス

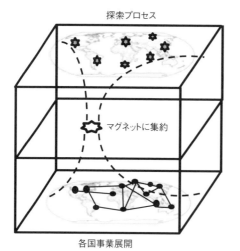

第1ステップ	感知する（Sensing）：世界中の新たな能力，革新的技術，先端市場（顧客）を特定し，アクセスする。
第2ステップ	移動する（Mobilizing）：分散した能力と市場機会を統合し，新製品・サービス開発を行う。
第3ステップ	事業化する（Operationalizing）：効率性と柔軟性を維持し，財務規律に合致するように，事業を最適化する。

（出所）Doz, Y., J. Santos and P. Williamson（2001）, *From Global to Metanational*, Boston, MA: Harvard Business School Press, p.81.

　第2のステップは「移動（mobilizing）」である。新たに発見した知識はそのままでは自社のイノベーションにつなげることはできない。そうした無形資産は本国か第三国に移転しなければ活用できない。また，イノベーションに向けて既存の知識との融合を図らなければならない。こうしたプロセスを経て，新製品・新サービスの開発につなげることができるのであり，その際に問われるのが組織能力となる。

　第3のステップは「事業化（operationalizing）」である。それまでのステップを通じて生まれたイノベーションも事業に落とし込むことができなければ宝の持ち腐れとなる。新たな知識を日常のオペレーションに適用し，最大活用するためには日常のオペレーションに従事する社員も含め，共通の理解を可能にしなければならない。市場適応可能な柔軟性を発揮しつつ，財務規律に合致するよう，事業の最適化を図らなければならない。要は企業固有の経営資源（事

業運営能力）が問われるのである。

味の素のメタナショナル経営：
ロシアの先端知識を活用する！

　味の素は，1998年にロシアの国営研究所と合弁で研究開発子会社（AGRI）を設立した 。アミノ酸・核酸の発酵生産を促進する微生物の育種において，世界レベルのロシア人研究者を引き継ぎ，自社の基礎寄り研究を充実させることができた。AGRIの研究成果は世界各地の工場で生産性向上のために利用されている。発表された論文や特許数がそのまま企業の研究開発成果となるわけではないが，日本人とロシア人研究者共著の論文が生物工学論文賞を受賞（2008年）したり，2011年にはAGRIがロシア科学技術政府賞を受賞したりしている。このことは，ロシアにおける研究開発活動が成果を上げていることを示すものである。企業に所属する研究者（日本人）と非営利の研究機関に所属した研究者（ロシア人）の研究アプローチ（価値観）は決定的に異なる。そうした（もっとも複雑な）実存的知識のすり合わせによって，ロシア人研究者の知識の活用が可能になった。味の素の成功もボーイングと同様に，リスクを取りつつ，合弁相手先，研究者との長期的な信頼関係構築を図り，現在につながっている。ロシアでもこのような健全な企業活動が可能になったのである。

（出所）今井雅和（2008）「味の素のメタナショナル経営　ロシアの知識を活用する」『ロシア・ユーラシア経済』ユーラシア研究所，1月号　No.906，37-50頁。

③ 「マグネット」による知識の集約

　メタナショナル経営の特徴は，知識を本社から子会社へ，当該事業の中心市場から辺境市場へ，先進国から新興国へという一方的な流れではなく，逆方向の流れを意識的に作り出し，全体の調整を図ることにある。その際に，知識をいったん集約し，自社事業のイノベーションにつなげるのが「マグネット」といわれるバーチャルな装置である。

　例えば，STマイクロエレクトロニクスは世界市場の指導的顧客との協業を通じて新製品の開発に成功した。最大手のシーゲートを巻き込むことで，世界中の知識にアクセスし，融合することができ，その結果，新製品（system-on-a-chip）の開発に成功した。リードカスタマーとの協業がマグネットの機能を

果たしたのであり，こうしたケースは大きなイノベーションにつながりやすい。

エアバスのように，顧客や市場への適応が可能な基本設計を実現するため，各地の知識の集約に努めるケースもある。A300シリーズの開発が好例であり，A320は米国の戦闘機コクピットデザインをボーイングにさきがけ採用した。このようなプラットフォームと呼ばれる基本設計に関わる活動がマグネットとなる場合もあるが，こうした例では比較的小規模のイノベーションになりやすい。

ネスレは研究開発能力と各国の市場ニーズを結びつけるための製品開発子会社を通じて，イノベーションにつなげている。ポリグラムの国際レパートリーセンターも，世界の音楽市場の流行と各国のアーティストの音と個性を結び付け，新たな音楽を創造するための拠点である。このセンターの活動によって，世界に散らばる知識と能力を統合し，新たな作品を世に問うている。市場ニーズと自社の知識と能力を統合して，製品・サービスの開発を行う物理的拠点がマグネットになったケースである。

Column 7-3　ザラの事例：内製か，それとも外注化か？

スペインのアパレル大手ザラの成功要因の1つとして挙げられるのが，無駄を排除し，全体的調和が図られたバリューチェーンの構築である。H&Mやファーストリテイリングのように，生産のほとんどすべてを低生産コストの新興国企業に外注するのではなく，ザラはバリューチェーンの主要部分を内製化している点が特長とされる。生産の4割は自社工場での生産，本国生産も5割を超える。このようにデザイン，調達，生産が地理的に近接し，自社組織内で行われることが多くの利点を生んでいる。年間1万点を超える新商品を，コンセプトの開発から店頭に並ぶまでわずか数週間で実現できるのは，内製化がもたらす利点である。しかしその反面，それが事業グローバル化の障壁となっていることも事実である。欧州で可能な低価格販売は，欧州中心のバリューチェインによるもので，米国やその他の新興国で販売する商品はコスト高になってしまう。グローバル化を推進するためには，これまでの戦略の見直しが近い将来必要になるかもしれない。

(出所) Yip, G.S. and G.T.M. Hult (2012), *Total Global Strategy*, Boston: MA, Pearson, p.44, 今井利絵 (2006)「グローバルファッションブランドのサプライチェーン：ZARA」『理論とケースで学ぶ 国際ビジネス 新版』同文舘。

前項のメタナショナルの3つのステップのなかでカギとなる知識の移転を促進するのがマグネットと呼ばれるバーチャルな装置なのである。そうした仕組みをいかに巧妙に設計できるかが問われる。

 知識の複雑性

最後に，メタナショナル経営が探索し，移動し，活用する無形資産たる知識の特性について整理しよう（**図表7-2**）。筆者は数値で示すことのできる無形資産をデータ，データに解釈を加えたものを情報として分類している。情報を広義に理解し，いわゆる知識や知恵といった高次の無形資産を含めて理解する場合もある。ここでは，知見を伴う情報，人びとに行動を促す情報を知識と理解する。そして，知識の複雑性に応じて4つに分類し，それらの意味と移転の難易度について考えてみよう。

もっとも単純なのは客観的知識（筆者の用語による情報）である。製図や特許のように，複写すれば移転は容易な知識であり，形式知との共通点が多い。次が経験的知識であり，実践を通じて習得可能な単純なルーティンをこなすた

図表7-2◆知識の複雑性

複雑 ↑

実存的知識：感じて，活かす
「心にしみこむ」
日本のカイゼン活動，ドイツのエコ活動
文化的前提（ファッション，音楽，美術）
研究開発アプローチ

固有知識：研究して，活かす
「自分の目で見る」
ビジョン
経営プロセス
顧客サービスマニュアル，消費者行動報告

経験的知識：経験と訓練
「鍛錬せよ」
訓練でスキルを磨く
簡単な動作の繰り返しで習得

客観的知識：見て，学ぶ
「写真を撮れ」
製図
特許

↓ 単純

（出所）Doz, Y., J. Santos and P. Williamson (2001), *From Global to Metanational*, Boston, MA: Harvard Business School Press, p.120.

めの知識であり，暗黙知との共通点が多い。知識経営の多くの議論に共通するように，経験的知識の移転，習得は鍛錬を通して可能となり，それは決して容易ではない。それは，客観的知識に比べ，より高次の知識を伴うからである。もう一段，複雑性が高いのが固有知識である。ビジョン，経営プロセス，カスタマーサービスを深く理解し，実践するための知識である。また，消費者行動を深耕し，行動に結び付けるために必要な知識である。こうした知識は言葉や技能，技術そのものではなく，それらをどのように捉えるかといった理解を可能にするガイドラインである。そして，もっとも複雑性が高いのが実存的知識である。これは文化的前提，研究開発アプローチといった価値観を体現した知識である。心にしみこむような実存的知識を共有することは容易ではない。しかしながら，客観的知識や経験的知識を獲得しても，それらが何のために存在し，どのように活かすべきかという基本的な価値観を共有せずに知識を移転しても十全な活用は望めないのである。

　固有知識，実存的知識の共有を図ることで，ようやく第3の事業化のプロセスが進展する。メタナショナル経営は知識経営の困難さとそれを実現したときの模倣困難性による競争優位の確立といった，現代の経営の重要な論点を提示している。移転と共有，それに消化が困難であるからこそ，模倣されにくい持続的な競争優位につながるのである。

3 課題とその後

　Y. ドズはメタナショナル経営の4つの課題を挙げている[3]。1つは新たな経営資源となり得る候補を探索する際，どのロケーションを選択するかの課題である。範囲を拡大すれば，可能性も高まるが探索コストがかさみ，焦点を絞った探索が困難になる。ロケーションの選択と分散をいかに最適化するかである。1つの解決策はすべて自前で探索するのではなく，現地にパートナーをみつけ，探索段階から社外の能力を活用するやり方である。

　2つ目は知識の複雑性と移動性の課題である。重要性の高い複雑な知識であればあるほど，移転することは困難である。しかし，例えば，知識をモジュール化し，形式知化できる部分と暗黙知のまま移転せざるを得ない知識に分ける

などの工夫の余地はある。また，日本企業が得意な社会化の仕組みを進展させ，固有知識や実存的知識の移転を少しでも効率化することも一案である。

3つ目は知識共有ルートの構築の仕方である。ICTを利用し知識の共有を効率化できる部分は極力効率化し，対面コミュニケーションなくして知識の共有が困難な部分を明確化し，最適化を図る工夫が考えられる。

4つ目は受け手の知識吸収能力である。「マグネット」を利用し，特定知識をローカルコンテクストから切り離し，移動し，異なる知識と融合することで吸収を容易にするしかないが，それ自体ハードルが高いことも否めない。

浅川（2006）も指摘するように，メタナショナル経営を実現するためのハードルは高く，一般的には二律背反となるジレンマが多く存在する[4]。だからこそ，持続的な競争優位を構築するうえで，それらのジレンマをいかに解決するかが問われるのであり，高度な組織能力なくして，メタナショナル経営を実現することはできないのである。

メタナショナル経営の課題として1点指摘しておきたい。Y.ドズらは，経営資源は特定市場に集中するだけではなく，辺境市場にも存在し，それらの発見，活用が重要であると述べた。当然，先進国だけではなく，新興国にも優れた経営資源，知識が存在すると注意を喚起した。しかしながら，現実的にメタナショナル経営の議論で取り上げられる事例のほとんどは先進国に集中している。21世紀の最初の10年が過ぎ，萌芽的にみられた新興市場における経営資源の発

Column 7-4　メタナショナル7つのジレンマ

1. 吸収能力とモチベーションのジレンマ
2. 経営資源の移転困難性のジレンマ
3. 自律と統制のジレンマ
4. 能力構築と効率性のジレンマ
5. パートナー選定のジレンマ
6. 外部資源獲得と活用のジレンマ
7. ナレッジ探索における実績と可能性のジレンマ

（出所）浅川和宏（2006）「メタナショナル経営論における論点と今後の研究方向性」『組織科学』第40巻，第1号，13-25頁。

見は本格化の兆しをみせている。「他者に学ぶ」メタナショナル経営を実現するために，先進国市場と新興市場の両者を視野に入れ，バランスを取って，いかに最適化するかが次の課題である。

★考えてみよう

1. メタナショナル経営を実践している会社を探してみよう。
2. 新興国発の多国籍企業がどのようにして競争優位を蓄積できたか，考えてみよう。
3. 自らの経験を基に，知識の複雑性の4段階を例示してみよう。

★読んでみよう

1. 浅川和宏（2006）「メタナショナル経営論における論点と今後の研究方向性」『組織科学』第40巻，第1号，13-25頁。
2. 今井雅和（2008）「味の素のメタナショナル経営　ロシアの知識を活用する」『ロシア・ユーラシア経済』ユーラシア研究所，1月号 No.906，37-50頁。
3. Doz, Y., J. Santos and P. Williamson (2001), *From Global to Metanational, How companies win in the knowledge economy*, Boston, MA: Harvard Business School Press.

【注】

(1) Doz, Y., J. Santos and P. Williamson (2001), *From Global to Metanational, How companies win in the knowledge economy*, Boston, MA: Harvard Business School Press.
(2) Hippel, E.V. (1994), "'Sticky Information' and the Locus of Problem Solving : Implications for Innovation," *Management Science*, 40, 4, 429-439.
(3) イヴ・ドーズ（2006）「メタナショナル・イノベーション・プロセスを最適化する」『組織科学』第40巻，第1号，4-12頁。
(4) 浅川和宏（2006）「メタナショナル経営論における論点と今後の研究方向性」『組織科学』第40巻，第1号，13-25頁。

第8章
「ネオ国際ビジネス・モデル」[1]
―― 先進国市場と新興市場の両立

> **Key Words**
> 無極化，新興大国，生産立地，販売市場，研究開発立地，
> 新興多国籍企業，大競争時代

◆はじめに◆

　メタナショナル・モデルは外部の経営資源にアクセスし，自社の経営資源として取り込むことで競争優位を構築できるとした。自社・外部経営資源活用のジレンマに対する解決策の提案であった。しかし，実質的に，探索すべき先は先進国に限られ，新興市場の優れた経営資源を探索することは取引コストの高さも手伝い，現実的ではなかった。しかし，21世紀に入り，新興市場に関心が集まり，もはや先進国に注力するだけでは成長から取り残されるようになった。新興市場にも魅力的な販売市場，生産要素，そして研究開発につながる優れた経営資源が存在していることがわかってきた。先進国市場と新興市場のバランスを図り，両立するための新たな国際ビジネスモデルの構築が求められるようになった（図表6-2）。

1　先進国中心の経営？

　19世紀から20世紀にかけて，世界は欧米を中心に回っていたといっても過言ではあるまい。政治，経済，文化など，あらゆる面で欧米による欧米のための世界秩序が構築された。20世紀に入り，なかでも米国のリーダーシップが強まり，20世紀の後半に入ると日本が先進国の仲間入りを果たした。1975年に始まった先進国首脳会議（サミット）は，西側先進国の首脳が世界経済を中心議題として年1回集まり，世界秩序を構築し，維持するためのものであった。発展途上国に発言の機会は乏しかった。

　企業経営においても同様である。多国籍企業は先進国の大企業の代名詞であ

り，発展途上国発の多国籍企業は例外的存在であった。ヒト，モノ，カネ，情報（技術などの無形資産）などの経営資源は先進国に集中していたのである。世界の主要企業の本社が先進国に立地している以上，当然のことであった。経営者や管理職は本国人がほとんどであるから，重要な意思決定は先進国でなされることになる。発展途上国の子会社は本社の指示に従い，当該市場のための限定的な機能を果たすのみであった。

生産活動が比較的早くから発展途上国[2]に移転されたのは，輸入代替政策によって，本国からの輸出が困難になったからである。物理的文化的距離に伴う取引コストが高かった当時は，米国企業は中南米を，欧州企業は中近東とアフリカを，日本企業はアジアをそれぞれ得意市場とした（**図表8-1**は日本企業の国際ビジネスの流れ）。発展途上国で生産する品目は現地需要を満たすためのものであり，技術的には先進国で衰退期に入った汎用品が中心であった。研究開発はほとんどが本国で行われ，発展途上国に移転されたとしても，工場に併設したマイナーチェンジのための小規模のものであった。

図表8-1 ◆日本企業の国際ビジネス：簡単な沿革

時期	主な進出地域・活動
1980年代前半まで	アジア本格参入，中近東，アフリカ，中南米への輸出マーケティング
1980年代後半以降	米国市場本格参入
1990年代	欧州市場本格参入，欧米市場での苦戦，国内市場の停滞
2000年代	韓国勢の躍進，中国勢の参入，新興市場対策の遅れ
2010年代	マーケットインの新興市場対策 国内型産業（食品，日用品，各種サービス業）の新興市場参入

（出所）筆者作成。

こうした説明は誤解を与える可能性がある。多国籍企業は重要な経営資源を本国・本社に集中させることで権力維持を図ったと思われるかもしれない。しかし，主要な市場と顧客が先進国に集中しているとなれば，経営資源を本国・本社に集中し，優位な地位を確保しようとするのは当然であった。市場の規模も成長性も先進国が圧倒していた。また，最先端の技術を駆使した，新しい魅力的な製品を購買するリードマーケットが先進国であるから，企業は先進国で

の競争にしのぎを削り，そのための態勢を維持，強化するのは当然であった。

　しかしながら，21世紀に入ると様相は一変する。新興国が力をつけ，世界秩序の決定は先進国の専売特許ではなくなった。世界経済のステイクホルダーが増加し，利害調整を図ることがますます難しくなっている。世界貿易機関（WTO）の多角的貿易交渉が頓挫したのは象徴的である。かつての米国による一極体制から複数の先進国が併存する多極化の世界へ，そして現代は主要新興国が加わった無極化[3]の時代へと変遷しているといわれる。次節では，おのおのの経済活動で存在感を増す新興市場の世紀の変わり目前後からの特徴を紹介し，先進国と新興市場双方のバランスの取れた国際経営を推進するための新たな国際ビジネスモデル構築の前提条件を検討する。

2 「ネオ国際ビジネス・モデル」

生産立地としての新興市場

　新興市場[4]における生産活動は，まずは新興国内ではなく，海外の需要を満たすために多国籍企業が一部の生産工程を移転することから始まった。経済的な離陸以前の低開発国に外国企業が魅力を感じるような本格的な販売市場は存在しなかった。安価な労働力を利用し，付加価値の低い生産を行うための立地にすぎなかった。しかし，そうした経済活動によって新興国内に徐々に富が蓄積し，新興国の消費市場が一定規模に達すると，産業によっては新興国での現地（あるいは，近地）生産の必要性が高まる。とりわけ，市場規模の大きいBRICsなどの新興大国は，国内需要を満たすために工場を設置する必要性に迫られる。東南アジアなどの中小規模の新興国も，地域として捉えれば一定規模の需要が見込まれ，近地生産の利点が高まる。

　東南アジアを含む東アジアは今世紀に入り，国境を跨いだ工程間分業が進展した。100年以上前に比較優位に基づく1次産品と工業製品の生産分業が進み，最終製品の国を跨いだ分業が進展したが，現在われわれが東アジアで目にしているのは生産工程を分断し，最適地にそれぞれ配置し，その間を国際貿易でつなぐ態勢である（第1章参照）。もちろん，関税・非関税障壁と輸送コストが

一定以下であること,各国間の産業・通商政策の調整が進み,経済的な連携が図られていることなど(リンケージコストが一定以下)が前提となる。要は,国内に近い形で,素材や部品,部材を安定供給できる態勢を構築しなければならない。それが可能になれば,自国内,近地のみならず,より広範な市場を標的とする生産態勢の一翼を新興国が担うことができるようになる。やや複雑な工程は中進国,単純な作業は後発新興国というように異なる特長を持つ国々がそれぞれの適性に応じて経済活動に参加できるようになる。欧州や北米でも簡単な分業は行われているが,東アジアほど複雑で,広範な国境を越えた生産分業は実現していない。

多国籍企業を中心とする生産態勢が新興国で進展すれば,それに加わるサプライヤーの範囲も拡大する。当初は,先進国から進出したサプライヤーと他国からの輸入部品・部材による組み立てであったものが,徐々に現地資本のサプライヤーも技術と技能を高め,付加価値連鎖に参加できるようになる。こうした生産活動は付加価値を生み出す根源的な力であり,新興国にとって経済成長のエンジンである。生産活動の重要性はますます高まりこそすれ,衰えることはない。

販売市場としての新興国

販売市場の拡大は,経済的離陸によって,富が生まれ,社会に広がることによってもたらされる。購買力の向上なくして,販売市場の拡大はあり得ない。ところが,20世紀末まで,先進国以外の新興工業地域として経済的離陸を果たしたのは,韓国,台湾,香港,シンガポールなどの小国に限られた。成長率が高くても,市場規模は限定的であった。その他の国は一時的な成長は見られたものの,安定感を欠いていた。さらに中国,インド,ロシアなどの大国は市場規模が大きくとも世界に開かれておらず,多国籍企業はそれらを販売市場とみなしていなかった。

第8章 「ネオ国際ビジネス・モデル」

> **Column 8-1** アジア中心の急速な国際化：ユニ・チャームの事例
>
> 　ユニ・チャームは不織布・吸収体の加工・成型技術を基礎に，紙オムツのムーニー，生理用ナプキンのソフィなどを手掛けている。海外現地法人は35社，80カ国以上で生産販売を行っている。2014年の売上高が5669億円だが，国内は35％にすぎず，アジアで50％，欧米その他が15％と海外事業の比重が高い。市場規模世界2位の時代が長く，安定成長を続けた日本の日用品会社の国際化は大幅に遅れたが，ユニ・チャームは，1984年の台湾の現地法人設立を皮切りに，1990年以降，アジアに力点をおいて海外展開を進めてきた。
>
> 　ユニ・チャームの事業はベビー用紙オムツなどのベビーケア（売上比率48％），女性用生理用品のフェミニンケア（同21％），高齢者用品のヘルスケア（同15％），ペットケア用品（同12％）に分かれる。一般的に1人当たりGDPが1,000米ドルを超えるとフェミニンケアが，3,000米ドルを超えるとベビーケアが，5,000米ドルを超えるとヘルス，ペットケア製品の需要が拡大するといわれる。アジアを中心とした新興国の経済発展に合わせ，自社製品を投入してきた。同社の世界シェアはこれら主力製品で10％前後の3位だが，アジアではベビーケアが25％，フェミニンが22％，ヘルスケアでは35％で1位を占めている。
>
> 　アジア・オセアニアを最優先市場と位置付ける同社であるが，なかでも巨大市場の中国とインドでは商品開発とマーケティング機能を現地法人に委譲し，戦略遂行のスピードアップを図っている。両市場に続き，タイとインドネシアでも消費者の変化に迅速に対応すべく，権限委譲を進めている。
>
> （出所）ユニ・チャーム（株）ウェッブサイト上（http://www.unicharm.co.jp/ir/report/index.html）の「統合レポート2015」などを参照した。

　しかし，今世紀に入ると様相が一変する。まずは中国市場である。安価な労働力を武器に外国市場向け製品の生産立地として急成長するなか，21世紀に入ると市場規模も急拡大した。世界貿易機関への加盟などを契機として，世界により開かれた市場となった。BRICsに代表される新興大国の急成長と市場開放のインパクトは甚大である。中国とインドの人口は12～13億人，インドネシアは2.5億人，ブラジルは2億人，ロシアは1.4億人である。販売市場の魅力は市場規模と成長性であるが，これら新興大国市場は規模が大きく，急成長によって新たに誕生する市場も大きい。購買力が一定以上で多国籍企業が上市する製品を購入できる割合が低くとも，市場規模が大きいため絶対数ではかなりの規

模となる。そして，東南アジアの中規模市場（人口数でいえば欧州の大国レベル）も同様の展開を見せている。

このように市場の魅力が増し，競争が激しくなれば，以前のように先進国市場のための製品に少し手を加え，低コストでマーケティング活動を行うだけでは市場に受け入れられなくなる。それぞれの市場に適合する製品を開発し，購入が容易になるようなマーケティング施策が求められる。それを早期に実現できた会社が新たに誕生する新興市場で地歩を築くことができるのである。

研究開発立地としての新興市場

「研究開発（R&D：Research & Development）」と一括して議論する場合が多いため，誤解しがちだが，研究と開発を分けて考えると理解しやすい。「開発」は製品の設計であり，仕様が異なれば追加的な開発が必要になる。そして，日常的な調整を図るためには現場の近くで行う必要がある。大市場であったり，一定規模，一定機能以上の生産拠点であったりすれば，市場に適応した製品の投入と生産が必要になり，一定の開発機能を現地に持たせることになる。新興市場の重要性が高まり，対応を強化しようとすれば，開発の現地移転は自然の流れとなる。

他方，「研究」は製品開発に必要な基礎寄りの研究を行うための機能である。純粋な意味での（用途を特定しない）基礎研究は企業には，ほぼ存在しないが，目的を厳密にしない基礎寄り研究は存在する。また，技術シーズを製品開発につなげるための応用研究も企業にとっては将来の成長のために不可欠である。このような研究活動が先進多国籍企業の本国，すなわち先進国に集中しているのは，そうした研究を担うことができる人材と研究機関が新興国に存在しなかったからである。しかし，ロシアを典型とする旧社会主義国では自然科学の振興を国是とし，予算制約を設けず特定分野にヒト，モノ，カネを投入し，研究インフラを整備し，世界レベルの研究者を輩出してきた。企業にとって，そうした研究資源にアクセスし，活用できれば，新たな競争優位の源泉となり得る。企業も新たな可能性の探索を進め，一部ではあるが新興市場の研究資源を取り込むことに成功しているところもある。

第8章 「ネオ国際ビジネス・モデル」

> **Column 8-2　6大陸に12研究所：IBMの基礎寄り研究の立地**
>
> IBMの特徴は，新興国に設立された研究所が，特定分野の基礎寄り研究を含む研究開発全般を担当していることである。例えば南米初の研究所として設立されたブラジル研究所は，①産業用科学技術開発，②現実社会の問題解決のための人的要素の組み込み方法，③ビッグデータの社会とビジネスへの活用方法，④最先端の科学技術を用いて天然資源産業の課題解決を図るための研究活動に従事している。
>
> **先進国**：オーストラリア・メルボルン，日本・東京と新川崎，米国・カリフォルニア州サンノゼ，米国・ニューヨーク州とマサチューセッツ州，米国・テキサス州オースチン，アイルランド・ダブリン，スイス・チューリッヒの7つの研究所
>
> **新興国**：ブラジル・リオデジャネイロとサンパウロ（2010年設立），イスラエル・ハイファ（1972年設立），インド・デリーとバンガロール（1998年設立），ケニヤ・ナイロビ（2013年設立），中国・北京（1995年設立）と上海
>
> （出所）IBM本社のウェップサイト（http://www.research.ibm.com/labs）を参照した。

情報通信技術（ICT）の進展は世界を大きく変えた。新興市場へのインパクトも多大であった。比較的単純なITサービス（バックオフィス業務）を新興国で請け負うことから始まり，高度なソフトウエアのプログラミングでも新興市場が強みを発揮できるようになった。その背景は，業務のモジュラー化が一定レベルまで可能になり，新興国が一部機能に特化できるようになったことである。また，この分野は産業インフラの整備が遅れていても，通信技術の発達に伴い，製品のデリバリーが容易になったのである。ITサービス会社にとっては製品自体の生産であるため，「研究開発」として取り上げるのは不適切かもしれない。しかし，製造業にとっては自社製品の開発の一部を担うプログラミングを新興市場で実施することを意味しているため，研究開発立地として扱った。

第Ⅱ部　国際ビジネスモデルの進化

 新興多国籍企業（新興国出自の多国籍企業）

　かつて多国籍企業は先進国大企業の代名詞であった。しかし，今世紀に入り，新興国発の多国籍企業の活躍が著しい。本国市場の発展に伴い，新興国の有力企業が力をつけ，国境を越える事業展開を志向するようになった。国際ビジネスの黎明期のように国境によって妨げられた高いハードルも，今日では著しく

図表8-2◆「サカタのタネ」の海外研究開発

　種苗業界最大手の「サカタのタネ」は19カ国に25拠点を持ち，世界規模のネットワークを構築している。優れた特性（形状，味，色，病気への抵抗力，生産性）のオリジナル品種の開発が競争力の源泉となる。同社は，国内5カ所と海外8カ国10カ所の研究開発拠点を設け，さまざまな生活文化，気候風土に応じた多様な環境に適応する品種の開発を行っている。研究開発拠点は以下のとおりである。

国内5拠点	
静岡・掛川ほか	
海外10拠点	
米国3拠点	果物，野菜，高緯度野菜
ブラジル	南米向け野菜
フランス	欧・中東・アフリカ向け野菜
デンマーク	北欧向け花
南アフリカ	トマト
韓国	アジア向け野菜
タイ	東南アジア向け野菜
インド	インド向け野菜

（出所）「サカタのタネ」ウェッブサイト（http://www.sakataseed.co.jp/corporate/info/outline/index.html）および同社の会社案内パンフレット。

低くなり，中堅企業の国際化も珍しくない（**図表8-2**は「サカタのタネ」の事例）。新興多国籍企業のなかには，経営者が起業家精神を発揮し，急成長を遂げた会社もある。他方，（実質的な）国有企業や国営企業が外交・産業政策の恩恵のもと，国策の一環として多国籍化する例も多い。フォーチュン500の

Column 8-3　エンブラエルとブラジル航空工科大学（ITA）

　旅客機といえば，読者は米国ボーイングか，欧州のエアバスを思い浮かべるであろう。確かに，大型・中型機については両社が世界を二分している。しかし，三菱重工の子会社三菱航空機がMRJ（Mitsubishi Regional Jet）を開発中で，2015年11月に初のテスト飛行に成功したとのニュースを覚えている読者も多いであろう。MRJは座席数100前後の小型旅客機市場への参入を目指しているが，現在，この市場はブラジルのエンブラエルとカナダのボンバルディアによって独占されている。

　大国とはいえ新興国のブラジルに，世界3位の航空機メーカーがあることを意外に感じる向きがあるかも知れない。しかし，ライト兄弟に相前後して飛行に成功したなかにブラジル人がいるし，戦後本格化したブラジルの航空機産業は技術的にも世界レベルにあるといえる。1946年に空軍技術センターが開設され，同センター内に設立されたのがブラジル航空工科大学（ITA：Instituto Tecnológico de Aeronáutica）である。

　同大学は，サンパウロ大学と並ぶ，ブラジルの名門エリート校であるが，工学に特化し，少人数の英才教育で知られている。専攻は航空工学のみならず，エレクトロニクス，機械工学，コンピュータ工学など多岐に亘り，学部と大学院修士・博士課程がある。一学年百数十人の定員に1万人近い応募があり，入学試験は4教科で，1日8時間，4日間行われる。入学後も，進級のための高いハードルがあるが，全寮制で奨学金付きとなっており，研究に集中できる環境となっている。教育熱心な子弟の入学が多く，人口比に比べ，日本人移民やアジア人，それにユダヤ系の学生の比率が高いという。

　卒業後は，エンブラエルをはじめとする，ブラジルの航空宇宙産業で職を得る者が多い。また，米国でいえば，ハーバード大学やマサチューセッツ工科大学（MIT）に並ぶエリート校との評価が定着しており，卒業生は引く手あまたで世界の著名優良企業への就職もそれほど難しくないといわれる。

（出所）ITAウェブサイト（http://www.ita.br/），「バイオ燃料技術で先行」『日本経済新聞』2012年5月31日，竹之内玲子（2012）「ブラジルの航空機産業を支える高等教育機関」『翼』航空自衛隊連合幹部会機関誌98号，66-68頁ほか。

ような世界の大企業ランキングを見ると,日本企業の一部と入れ替わる形で新興国発の大企業がランクインするようになった。

先にも触れたように,ICT化と経済活動のモジュラー化の進展により,ショートカットの技術力向上が可能になり,後発の利益を享受できるようになった。また,先進国から後進国企業へ優れた人材が比較的容易に移動するようになり,技術の移転と技能者の育成を可能にした。とりわけ,電子,電機分野において,先進国企業を凌駕(りょうが)する新興国企業の活躍が目立つようになったのである。

3 ネオ国際ビジネス・モデルの構築に向けて

本章の議論から,国際ビジネスにとって重要な市場が先進国から新興国へシフトしたと単純化するのは適当ではない。これまで多国籍企業にとって重要な市場は先進国であったが,気が付いてみれば新興市場がもう1つの主戦場になったというのが正しい。先進国市場へのコミットメントが多国籍企業の成長の源泉であることを確認したうえで,新興市場から何を手に入れるかが重要である。先進国と新興国ビジネスのバランスをいかに取るか,時間の経過のなかでどのような調整を図るかが問われている。また,ギリシャの金融危機が欧州ひいては世界経済を揺さぶるように,小国のビジネス環境が多国籍企業全体に影響を及ぼす度合も高まった。国境を越える生産分業の進展,マーケティング,研究開発その他の職能においても地域単位,世界規模で企業活動を調整することが,多国籍企業の競争優位の源泉となる。新興市場が重要な役割を演じるようになって,国際経営の難しさがさらに増したともいえるのではないか。

新興多国籍企業の出現はいよいよ本格的な大競争時代(メガコンペティション)に入ったことを意味する。企業にとって競争相手は誰か,どこから現れるか,何のために,何をもって競争すればよいのか,一様には答えが出ない。世界は「グローバル」という言葉が示唆するような一様な世界ではない。先進国も新興国もそれぞれ異なる特徴を持っている。また,同一市場であっても,自社にとっての立地と他社にとっての立地は条件が異なる。新興市場が脚光を浴びるようになって,このことの重要性がますます明らかになった。ネオ国際ビ

ジネスモデルはこれらを踏まえて新たなパラダイムを模索する中で形成されるものと思われる。

★考えてみよう

1. 1950年前後，1970年前後，1990年前後の時点と近年（2015年）で世界経済に占める先進国の比率がどの程度であったか，確認してみよう。例えば，国民総生産（GNP）や国内総生産（GDP）の数値を用い，対比してみよう。
2. 任意のグローバル企業が先進国と新興市場でどのような事業活動を行っているか，調べてみよう。
3. 新興多国籍企業を選び，事業の概要を整理してみよう。

★読んでみよう

1. 天野倫文・新宅純二郎・中川功一・大木清弘（2015）『新興国市場戦略論』有斐閣。
2. 大石芳裕ほか監修・多国籍企業学会著（2012）『多国籍企業と新興国市場』文眞堂。
3. Chang, Ha-Joon (2003), *Kicking Away the Ladder, Development strategy in historical perspective*, Wimbledon Publishing.（横川信治・張馨元・横川太郎訳『はしごを外せ』日本評論社，2009年。）

【注】
(1) 「ネオ国際ビジネスモデル」という名称は筆者の造語である。カギ括弧で示したのは，前提条件を踏まえ，構築に向け，種々検討が必要な発展途上のモデルだからである。
(2) 発展途上国という語を用いているのは，1970年代前後の状況を指しているためである。
(3) この特徴を「Gゼロ」といったのはI.ブレマーである。Bremmer, I. (2012), *Every nation for itself: winners and losers in a G-zero world*, Portfolio/Penguin.（北沢格訳，『「Gゼロ」後の世界――主導国なき時代の勝者はだれか』，日本経済新聞出版社，2012年。）
(4) 新興市場の語は世紀の変わり目頃から用いられるようになった。この節は1990年代以降の状況を解説している。

第Ⅲ部

国際経営のフロンティア
——新興市場

第Ⅲ部　国際経営のフロンティア

第Ⅲ部で学ぶこと

　第Ⅲ部は近年ますます重要性が増し，多国籍企業の世界戦略に欠かせない存在になった新興市場を取り上げ，その特徴を浮き彫りにする。新興市場ビジネスの主役は先進国多国籍企業に留まらず，新興多国籍企業も主要なプレーヤーになっている。これまでの常識を覆すパラダイムシフトがさまざまな形で進行しつつあるといっても過言ではない。新興市場ビジネスの新しさ，面白さ，特徴をいくつかの論点に絞って，紹介し，議論する。

　各章の構成は，第1節でこれまでの常識に言及し，第2節では新興市場ビジネスの拡大に伴う，これまでの常識に反する現状を紹介する。第3節以降では今後の課題と展望について議論する。第9章は新興市場の概要を述べる。そのうえで，先進国ビジネスとの比較における新興市場ビジネスの特色を，ビジネス制度と取引コストに留意しながら議論する。第10章，第11章，第12章は新興市場ビジネスへの地理的接近として，それぞれ東アジア，南アジア，アフリカにおけるビジネス環境とさまざまな特徴的なビジネス活動を紹介する。第13章から第15章はテーマ別接近を試み，国際ビジネス研究に新たな視点を提供し，パラダイムシフトを迫る新興市場ビジネスの今を紹介する。第13章はイスラームビジネス，第14章はBOPビジネス，そして第15章は「下向き」と「逆向き」のイノベーションについてである。

第9章
新興市場の概要
——ビジネス立地の進化

> **Key Words**
>
> 移行経済国，BRICs，中進国の罠，立地資産，ビジネス制度

◆はじめに◆

　まずは，新興市場とは何かについて，定義，要件を中心に整理する。そのうえで，新興市場の主要なサブグループと構成メンバーについて解説する。そして，先進国との対比から，新興国の特徴を立地資産とビジネス制度に分けて議論する。立地資産は市場がビジネスに提供する生産要素などの経営資源，それに優遇策などのインセンティブである。新興市場は国によって異なるが，天然資源，低廉な労働力，さらには成長著しい販売市場が多国籍企業を引き付ける。他方，法律や行政手続きが不明確であったり，投資受入（ホスト）国社会から外国企業が歓迎されないなど，社会特性が排他的であったりする場合（ビジネス制度の制約），ビジネス活動を展開するうえで多大な取引コストが発生する。この点が新興市場の難しさであり，先進国市場と比べた特徴となる。

1 新興市場とは何か？

　新興市場（emerging markets）という用語に厳密な定義があるわけではない[1]。類似の言葉として，低開発国（underdeveloped countries），発展途上国（developing countries），新興工業地域（NIEs：Newly Industrialized Economies），移行経済国（economies in transition），BRICs[2]などがある。NIEsは工業製品の輸出を通じて，経済発展を図るアジアの4カ国・地域を指し，4匹の虎（または龍）とも呼ばれた[3]。移行経済国は，市場経済化を進める旧ソ連や中東欧の旧社会主義国を指すが，中国やベトナムのように政治的に引き続き共産党が指導する国々も，市場経済化が進展している。BRICsはゴールドマンサックスに

よる，経済規模が大きく，成長著しいブラジル，ロシア，インド，中国を指した造語で，広く使われるようになった。もっともBRICsといっても，中国は人口規模のみならず，国内総生産（GDP），対内直接投資額，貿易額などにおいて抜きん出た存在となっている。「新興市場」という用語は1990年代半ば以降使われるようになり，最広義には先進国以外のすべての発展途上国を指す場合もある。しかし，一般的には①市場経済に基づいて開放的な経済体制を敷いていること，②経済発展の水準とペースが一定以上であることを条件とする。もっとも，その条件に照らしてどの国を新興市場とするかについてのコンセンサスがあるわけではない。

図表9-1◆主要新興市場のプロフィール

	国内総生産 年平均成長率 2000-14年	国内総生産 2014年 （10億米ドル）	1人当たり 国内総生産 2014年 （米ドル）	人口 2014年 （100万人）	日本企業 進出数
BRICs					
ブラジル	3.2%	2,353.0	11,604	202.8	312
ロシア	4.1%	1,857.5	12,926	143.7	146
インド	7.2%	2,049.5	1,627	1,259.7	588
中国	9.8%	10,380.4	7,589	1,367.8	3,052
NIEs					
韓国	4.0%	1,416.9	28,101	50.4	727
台湾	3.8%	529.6	22,598	23.4	891
香港	3.7%	289.6	39,871	7.3	1,040
シンガポール	5.4%	308.1	56,319	5.5	964
ASEAN					
インドネシア	5.5%	888.6	3,534	251.5	880
タイ	3.8%	373.8	5,445	68.7	1,585
マレーシア	4.8%	326.9	10,804	30.3	687
フィリピン	5.1%	284.9	2,865	99.4	391
ベトナム	6.5%	186.0	2,053	90.6	678
西アジア					
サウジアラビア	5.2%	752.5	24,454	30.8	43
トルコ	4.0%	806.1	10,482	76.9	72
アフリカ					
南アフリカ	3.1%	350.1	6,483	54.0	66
先進国					
米国	1.8%	17,418.9	54,597	319.0	1,789
日本	0.7%	4,616.3	36,332	127.1	－

（注1）IMF（2015），World Economic Outlook Database, Aprilrから筆者集計。
（注2）日本企業の進出数は，東洋経済新報社（2015），『2015年版海外進出企業総覧　国別編』から拾った。

R.E.ホスキソン[4]らは，かつて上述の定義を踏まえ，国際金融公社（IFC）が挙げた51カ国の急成長国に加え，体制転換の進む移行経済国13カ国の計64カ国を新興市場と特定した。**図表9-1**は日本企業との関係が深く，世界経済において影響力の大きな新興市場のプロフィールをまとめたものである。

　パリに本拠を置く経済協力開発機構（OECD）は，第二次大戦後の欧州の復興を目的に西欧諸国に米国，カナダが加わり1961年に発足した。OECDは「金持ちクラブ」と揶揄されるように，先進国間の意見交換，情報交換の場として機能してきた。日本は1964年に加盟した。1990年以降，先進国入りが期待される新興国も参加し，現在の加盟国数は34カ国である。

　国際通貨基金（IMF）は世界各国を先進経済国（advanced economies）と新興市場・発展途上経済国（emerging and developing economies）に分類している。OECD加盟国に香港，シンガポール，台湾などを加えた36カ国が先進経済国とされる（韓国は加盟国）。そして，OECD加盟国のトルコ，メキシコ，ポーランド，ハンガリー，チリの5カ国を新興市場・発展途上経済国として分類している。

　G20は先進国と世界の政治や経済において主要な役割を果たしている主要新興国によって構成される。中国，南アフリカ，インド，ロシア，トルコ，ブラジル，アルゼンチン，サウジアラビア，インドネシア，メキシコなど経済規模が一定以上の成長著しい国々を新興市場の代表といってよいであろう。

Column 9-1　　　　得意分野の差別化

　21世紀に入り，ロシア経済が急速に回復し，日本企業のロシア市場への関心が高まった頃，実務に通じロシア語を操ることのできる人材に対する需要が大いに高まった。筆者のもとにも，そうした問い合わせがあった。当時，新興市場といえば，中国と同義語であったが，企業は何も中国だけに注目していたのではない。経済は，あるいは社会的ニーズは相対的なものであり，必要性が高く，価値があっても，供給がそれを上回れば，それほど重宝されない。需要と供給を見通すことは難しいが，少なくとも，単にブームに乗ればよいわけではない。社会科学を学ぶ者が自らのキャリア，人生設計を考えるうえで心に留めておきたいことである。

2 新興市場の発展と特徴

NIEs[5]

　1980年前後，OECDは工業部門の成長（輸出と雇用）と国民所得の増加を基準に，発展途上の10カ国を新興工業国（NICs）と名付けた。中南米2カ国，南東欧4カ国，それに東アジアの4カ国である。経済危機等によって，足踏みが続いたブラジル，スペイン，旧ユーゴスラビアと異なり，東アジアの韓国，台湾，香港，シンガポールはその後30年以上に亘って，成長を続け，現在では先進国の仲間入りを果たした。各国それぞれ特色はあるものの，外資と外国技術の導入，工業製品の輸出を通じて，経済活動を中進国型から先進国型へと進化させてきた。もっとも，経済規模が限られているため，生産面でも消費面でもアジア地域や世界経済へのインパクトは限定的であった。

ASEAN雁行(がんこう)[6]成長国

　NIEs 4 カ国に続き，経済的離陸を果たしたのが，マレーシア，タイ，インドネシアのASEAN原加盟国である。NIEsと同様に，外資導入と輸出志向型工業化によって，経済的離陸に成功し，中進国入りを果たした。しかし，経済活動の高度化に手間取っており，「中進国の罠[7]」を抜け出せずにいるというのが現状である。インドシナ半島のASEAN加盟4カ国という次なる雁が，原加盟国のあとを追いかける展開となっている。ASEANはアジアにおいていち早く市場統合を進め，自由貿易協定の中心に位置している。2015年に共通市場化が実現した。成長するアジアのなかで，存在感を維持し，向上させるのがASEANの目標となっている。

移行経済国

　「移行」というのは，周知のとおり，社会主義計画経済から資本主義市場経済への移行途上という意味である[8]。中欧，南欧諸国と旧ソ連の15カ国である。中国とベトナムは政治的には共産党が指導する社会主義国であるが，市場経済

を標榜している。これらの国々の特徴は、文字どおり、社会主義の計画経済から市場機能に基づく経済体制への転換を図っているところにある。なお、移行経済国が移行を進める目的は経済的離陸を実現し、経済発展につなげるということであり、移行はその手段と捉える必要がある。

Column 9-2　旧ソ連の「6つの奇跡」

ソ連時代のアネクドート（小話）である。精緻さには欠けるが、当時を多少なりとも知っている人には納得できる笑い話ではないだろうか。このような特徴を持った国が超大国として74年間も存続した理由は何であろうか。
1. 失業はないが、働いている者がいない。
2. 働いている者はいないが、すべての者が給料を貰っている。
3. すべての者が給料を貰っているが、それでも何も買うことはできない。
4. 何も買うことはできないが、誰もが何でも持っている。
5. 誰でも何でも持っているが、すべての者が不満を抱いている。
6. すべての者が不満を抱いているが、選挙では体制側に票が入る。

BRICs

21世紀に入り、世界的にプレゼンスが高まった新興大国であり、語呂の良さもあって、「BRICs」は今ではもっとも普及した主要新興国を表す名称になった。しかし、これら4カ国の共通点、BRICsの特徴は何かを考えたとき、挙げられるのは人口が多い政治・経済大国という以外に思い浮かべることはできない。中国は周辺国との経済関係の上に工業生産を拡大し、「世界の工場」といわれるようになったが、1人当たりの購買力はまだまだこれからである。ロシアとブラジルは、天然資源をテコに好調な経済を維持してきたし、両国の消費市場はもともと中進国以上のレベルであった。インドは全体的に見れば、発展途上国から新興市場となり、経済的離陸に向かう段階である。中国以外の3カ国は周辺国との経済関係はどちらかといえば希薄で、一国完結型の経済体制になっている。このように、新興大国であることは間違いないが、BRICsはそれぞれ異なる性格を持った新興国と考えるべきである。

> **Column 9-3** フィアットの新興国向けワールドカー
>
> 　イタリアのフィアットは新興国・発展途上国向けのPalioというワールドカーの設計を本国ではなく，主にブラジルで行っている。Palioは設計からデザインまで，欧州向けの製品とは一線を画しているが，それはブラジルの使用条件や消費者の嗜好を知り尽くしたブラジル現地法人の社員，すなわちブラジルで手に入れた経営資源をふんだんに活用しているからである。Pailoはブラジルのみならず，アルゼンチン，中国，インド，南アフリカ，トルコで生産され，販売されている。
>
> （出所）Yip, G.S. and G.T.M. Hult（2012），*Total Global Strategy*, Boston, MA: Pearson, p.89.

3 ビジネス制度と進化

　国際ビジネスにとって，新興市場はどのような特徴をもっているのだろうか。ビジネス立地としての新興市場を規定する要素を2つに分けて考えたい。1つは企業にとって利用可能な経営資源を提供する立地資産であり，もう1つはビジネス活動を抑制したり，時には促進したりするビジネス制度である（**図表9-2**）。

図表9-2◆立地資産とビジネス制度

変数	構成要素
立地資産	天然資源の賦存 要素市場（労働力，原材料，機械設備エネルギーなど） 販売市場 専門職人材，科学技術研究資源
ビジネス制度	法律，規則の信頼性 行政機関の効率性 経済・産業政策 物理的・制度的距離 社会インフラ（輸送，通信） ビジネス慣行（企業間関係）

（出所）今井雅和（2011）『新興大国ロシアの国際ビジネス』中央経済社，134頁。

図表9-3◆日本企業の地域別売上高・経常利益の推移

	2009		2010		2011		2012		2013	
売上高（兆円）										
北米	52.0	31.6%	52.8	28.8%	50.8	27.9%	57.9	29.1%	74.4	30.7%
アジア	67.3	40.9%	79.7	43.5%	79.8	43.8%	89.3	44.9%	107.7	44.4%
欧州	31.1	18.9%	32.6	17.8%	31.3	17.1%	31.1	15.6%	36.3	15.0%
全地域合計	164.5	100.0%	183.2	100.0%	182.2	100.0%	199.0	100.0%	242.6	100.0%
経常利益（百億円）										
北米	104	14.9%	172	15.8%	189	17.8%	149	19.5%	202	20.5%
アジア	363	52.1%	480	44.0%	395	37.3%	416	54.5%	501	50.8%
欧州	47	6.7%	105	9.6%	105	9.9%	73	9.6%	109	11.0%
全地域合計	697	100.0%	1,090	100.0%	1,062	100.0%	764	100.0%	987	100.0%

（出所）経済産業省（2015）「第44回海外事業活動基本調査（2013年度実績）」。調査対象は本社企業6,378社，現地法人23,927社。

　まずは立地資産から検討しよう。生産性に比べて，安価な労働力を手に入れられることは，企業にとっては魅力的である。生産活動における各国の強みを統合することによって，高品質製品の低コスト生産が可能になれば，多くの国が生産活動に参加できる。東アジアが代表例であるが，こうした多国籍企業の生産活動によって，当該地域の購買力が高まり，販売市場も急拡大する（日本企業の地域別業績推移は**図表9-3**参照）。

　東アジアは「世界の工場」に加え，「世界の市場」という性格を併せ持つようになった。21世紀に入り，新興市場への注目が高まっているのは何といっても，BRICsおよび東アジアを中心に人口の多い巨大市場が猛烈な勢いで成長しているからである。先進国の市場規模が縮小しているわけではないが，成長は頭打ちである。成長率の高い新興市場は，毎年新たな販売市場が誕生しているに等しく，成長を期する企業にとって主戦場となる。

　また，新興市場の旺盛な需要によって天然資源とエネルギー価格が高騰し，天然資源産出国の立地資産の価値が高まり，企業活動を誘引した。専門職人材や科学技術分野の研究資源と理系人材が豊富な新興国には，それらにアクセスし，活用するため，先進国企業が市場参入するようになった。このように，特定の新興国の立地資産の有効性が現実化するだけでなく，異なる立地資産が相互に影響し合い，相乗効果をもたらすようになった。

　他方，新興市場のビジネス制度は先進国と異なり，企業にとって大きな問題となり得る。ビジネス制度は，制度資本と関係資本という構成要素に分けて考

図表9-4◆制度資本と関係資本

(出所) 今井雅和 (2011)『新興大国ロシアの国際ビジネス』中央経済社, 136頁。

えると理解しやすい (**図表9-4**)。制度資本は政府が定め,運用する法律,規則など,社会を律するルールであり,執行の有効性を含む概念である。社会を垂直方向に規定するビジネス制度である。関係資本は,社会特性と経済主体間の関係性に関する概念であり,社会を水平方向に規定する制度である。政府の有効性がビジネス環境を左右するのは確かであるが,法律やさまざまな制度設計だけでビジネスフレンドリーな環境が生まれるわけではない。ビジネス活動において,もっとも重要な基盤は,所有権と契約の保護であるが,それらを有効化するためには法律のみならず,社会のあり方が重要である。その意味で,ビジネス活動のソフトインフラとしてのビジネス制度 (制度資本と関係資本) に留意することが肝要である。そして,その点こそが,先進国と比較したときの新興市場の違いであり,弱点となる。

　法律,規則の信頼性の乏しさ,行政機関の非効率性,制度的距離といった制度資本,不明瞭なビジネス慣行,外国企業や外国人への対応が異なるなどの閉鎖的な社会といった関係資本は企業活動に多大な取引コストを課す (**図表9-5,9-6**)。世界銀行が各国のビジネス制度を比較するために毎年発行するレポート[9]によれば,先進国や立地資産に乏しい新興小国 (シンガポールなど) がビジネス制度の整備に熱心で上位にランクされる一方で,BRICsに代表される新興大国のランキングは低位に留まる (**図表9-7**)。同レポートには,各国のビジネスの開始,所有権設定,融資獲得,投資家保護,納税,貿易,契約強制力などの手続き数,時間,金銭的コストなどが具体的に示されており,参考

図表9-5◆ビジネスコスト

```
総コスト ─┬─ 変換コスト
         │   (工場原価・付加価値生産コスト)
         │
         └─ 取引コスト ─┬─ 立地関連コスト
             (営業コスト  ├─ 取引関連コスト
             ・営業外コスト) └─ リンケージコスト
```

(出所) 今井雅和 (2011)『新興大国ロシアの国際ビジネス』中央経済社, 137頁。

図表9-6◆取引コストの主な発生要因

カントリーリスク			
	政治	対外関係	国境問題, 貿易摩擦
		対外評価	格付け機関による格下げ
		内政	外資接収・収用
		政情	反政府暴動, クーデタ, 内戦
	社会	治安	強盗, 誘拐
		環境	公害
	経済	国際収支悪化	外貨不足, 国外送金制限
		マクロ経済	リセッション, インフレ, 失業
		金融	銀行取付, 株式・為替市場不安定
		インフラ	輸送, 電力, 用水, 通信未整備
		経済法制度	会社法, 競争法等の不備・不安定運用
セキュリティリスク			
		テロ	襲撃, 爆破
		新興感染症	SARS, 鳥インフルエンザ
		情報セキュリティ	不正アクセス
		自然災害	地震, 津波, 洪水, 山火事, 竜巻, 異常気象
オペレーショナルリスク			
		貿易	輸出入規制, 通関手続きの不安定運用
		投資	投資規制 (外資規制, 用地取得制限)
		製造	操業規制 (操業時間, 騒音規制, 環境規制)
		販売	知的財産権侵害, 契約法の不安定運用
		宣伝広告	広告規制
		労務	労働関連法の不備, 不安定運用
		経理・財務	税務調査, 資金調達・決済, 送金インフラ不備

(出所) 日本貿易振興機構 (2013)『ジェトロ世界貿易投資報告2013年版』84頁を参考に筆者作成。

になる(**図表9-8**)。企業は付加価値の生産コスト,組織運営コストに加え,ビジネス制度に対応するための取引コストを負担しなければならない。先進国と比較した時の新興市場の最大の特徴は取引コストの高さといえる。

図表9-7◆ビジネスフレンドリー度

順位	国名・地域名
1	シンガポール
2	ニュージーランド
3	デンマーク
4	韓国
5	香港
7	米国
11	台湾
18	マレーシア
34	日本
49	タイ
51	ロシア
55	トルコ
73	南アフリカ
82	サウジアラビア
84	中国
90	ベトナム
103	フィリピン
109	インドネシア
116	ブラジル
130	インド

（出所）The World Bank（2015），*Doing Business 2016*.

図表9-8◆ビジネス活動を規定する要素

大項目	項目	内容
規制の複雑さとコスト		
	起業	手続き，時間，コストなど
	建設許可	手続き，時間，コストなど
	電力供給	手続き，時間，コストなど
	所有権設定	手続き，時間，コストなど
	納税	支払方法，時間，課税率など
	外国貿易	書類，時間，コストなど
法制度の適格性		
	融資獲得	担保制度，与信情報制度など
	少数出資株主保護	少数出資株主の権利など
	契約の強制	手続き，時間，コストなど
	清算手続き	時間，コスト，支払不能に対する補てん率など
	労働市場の規制	雇用制度の柔軟性，労働者の利点，労働争議解決方法

（出所）The World Bank（2015），*Doing Business 2016*.

かつての社会主義国が市場経済に移行することの困難さを示すため，計画経済の廃止と市場の導入は数カ月でも，法律の整備には数年かかるし，人びとの意識を変えるには数十年の年月が必要であるといわれた。計画経済を廃止すれば効率的な市場が誕生するわけではないし，法律も他国からの輸入で簡単に機能するわけではないので，数カ月，数年でも十分とはいえない。演繹的に十全な法律を制定することはできず，社会における実践を通して（判例の積み重ね），法体系は少しずつ整備されるのである。人びとの意識転換に数十年の年月が必要というのも，あながち大げさなことではない。

　では，制度資本と関係資本の進化は時の流れに委ねることしかできないのであろうか。時間がかかることは確かであるが，適切な制度設計と市場機能による経済主体間の接触頻度の増加によって，社会の進化を促進することはできる。ビジネス制度の進化が，ビジネス活動が活発化させ，必要に迫られる形で制度資本がさらに進化する。こうしたスパイラルは人びとの意識と行動に大きな変化をもたらすのである。ロシアをはじめとする旧社会主義国のこれまで四半世紀の変化，中国の世界貿易機関（WTO）加盟からの十数年を振り返れば，このことは明らかであろう。むろん，新興国のビジネス制度は未だ十分なものとはいえないが，かつて想像もできなかったほど，進展していることだけは確かである。

　企業は取引コストをどのように見積もり，立地選択を行うのだろうか。むろん，企業にとっては取引コストの低い，効率的な立地での事業が好ましい。しかし，成長する巨大市場や生産拠点の魅力といった立地資産の利点が，取引コストの負担を上回るようであれば，企業は市場参入の意思決定を下すであろう（**図表9-9**は，新たな市場に初期参入する際の利点と不利点）。事業を進める中で，ビジネス制度のマネジメント方法を学習し，取引コストを低減できるかもしれない。ビジネスの本質が裁定である以上，ハイリスクハイリターンか，ローリスクローリターンになることが多い。取引コストの高さから参入企業が少ない市場では失敗の可能性もあるが，成功したときの利益率も高くなる。このことを実証したのが，ビジネス立地（国）の違いに関するマキノらの研究成果である[10]。新興市場における企業業績の平均値は，先進国に比べて高いが，バラツキも大きい。新興市場の取引コストは高いが，それらをうまくマネジメ

図表9-9◆初期参入の利点と不利点

初期参入者の経済効果

利点：	不利点：
最高の利益享受の可能性	最大の不確実性・コスト

1．市場パワー 　・追随者への障壁構築 　・技術的リーダーシップ 　・顧客のロイヤリティ 　・製品ポジション確保 2．先行者機会 　・先行マーケティング 　・経営資源の先行使用 　・ブランド認知 3．戦略オプション 　・産業・立地選択 　・インフラへのアクセス 　・緩慢な競争条件	1．環境の不確実性 　・未成熟な法律と規制 　・政府の経験不足 　・未発達な産業 2．事業運営上のリスク 　・供給，原材料の欠乏・不足 　・支援サービスの欠乏・不足 　・貧弱なインフラ 　・不安定な市場構造 3．追加的事業コスト 　・学習・適応コスト 　・従業員の訓練コスト 　・模倣品対策コスト

（出所）Shenkar, O., Y. Luo and T. Chi（2015）, *International Business Third Edition*, New York and London: Routledge, p.353.

ントできれば，成長する新興市場での優位性を，先進国を含む世界市場での競争優位につなげることもできるのである。

★考えてみよう

1．任意の新興市場を選び，経済発展の過程を整理してみよう。
2．任意の新興市場を選び，その国が保有する競争力のある立地資産は何か，調べてみよう。
3．新興市場のビジネス制度の弱さとは何か，具体例を挙げて検討してみよう。

★読んでみよう

1．浅沼信爾・小浜裕久（2013）『途上国の旅：開発政策のナラティブ』勁草書房。
2．磯辺剛彦・牧野成史・クリスティーヌ・チャン（2010）『国境と企業

―制度とグローバル戦略の実証分析』東洋経済新報社。
　3．今井雅和（2011）『新興大国ロシアの国際ビジネス』中央経済社。
　4．Khanna, T. and K.G. Palepu (2010), *Winning in Emerging Markets*, Harvard Business Review Press.（タルン・カナ，クリチュナ・G・パレプ『新興国マーケット進出戦略』日本経済新聞出版社，2012年。）

【注】

(1) マザーズなどの新興株式市場を指す場合もあるが，本書の内容とは無関係である。工業製品の輸出主導の経済発展のみならず，市場としての成長にも注目するため，主に「新興市場」を用いるが，新興国も同義であり互換的に用いる。

(2) BRICsの"s"を大文字化して，南アフリカを含める場合もあるが，名付け親のゴールドマンサックスは4カ国に比べ，50年後の世界経済における影響力は低いと予想し，除外した。

(3) 韓国，台湾，香港，シンガポールを指す。

(4) Hoskisson, R.E. et al. (2000), "Strategy in emerging economies," *Academy of Management Journal*, 43, 3, 249-267.

(5) 台湾と香港を国（country）として扱うのは政治的に慎重であるべきとの観点から経済地域（economy）として，Newly Industrialized Economies（NIEs）と称するようになった。

(6) 赤松要の雁行形態論は，雁が空を飛ぶように，最初の雁（日本）が先頭を飛び，次いでNIEsが，その次にASEAN原加盟国，中国，ASEANインドシナ加盟国という順番で，経済活動の内容を変えつつ，順次，経済的離陸を果たすという経済発展モデルである。

(7) 1人当たりGDPが順調に伸び，中所得国のレベル（3千米ドルから1万米ドル）に達したのち，成長が鈍化，停滞し，高所得国入りできない状態を指す。先進国入りするためには，産業の高度化が欠かせない。

(8) 欧州では，チェコ共和国のように，市場経済への移行が完了し，「移行経済」から卒業した国もある。

(9) World Bank (2015), *Doing Business 2016*ほか各年号を参照されたい。

(10) Makino, S. et al. (2004), "Does country matter?" *Strategic Management Journal*, 25: 1027-1043.

第Ⅲ部　国際経営のフロンティア

第10章
東アジア市場

> **Key Words**
>
> 多様性，政府系企業，ファミリービジネス，外国企業，
> 人口ボーナス，開発独裁，華人企業家

◆はじめに◆

　20世紀の後半，NIEsなどの成長するアジアと成長から取り残されるアジアが併存するといわれた。しかし，その後，東南アジア，中国，そしてインドシナというように，東アジアの多くの国々が経済的離陸を果たした。もちろん，アジアは多様であり，格差も大きいが，それぞれの国が豊かさを求めて，動き出したことは間違いない。そうした東アジアの発展を支えてきたのが政府系企業，ファミリービジネス，外国企業である。そして，これら企業にとって，東アジアは廉価品の生産地に留まらず，販売市場としても魅力あるものになった。この章では，焦点を絞って，東アジアビジネスの動向について議論する。東アジアを論じるうえで，中国は中心となるべき市場であるが，論点が多いうえに，紙幅の制約があるため，コラムおよび他国との比較において論じることとする。

1 暗黒のアジア？

　近年，アジアは世界経済のけん引役と見なされ，リーマン危機後は先進国経済の不振を補う世界経済のバランサーになった。アジア新興市場の成長鈍化が先進国経済に影響を及ぼすことも珍しくない。実際，多国籍企業のアジア進出，そしてアジアにおける事業活動はますます活発になり，内容的にも深化している。
　しかしながら，19世紀の後半から20世紀の後半まで，アジアは世界の辺境に位置する，将来に期待の持てない地域というのが一般的な認識であった。欧州と北米を中心とする大西洋の時代が長く続いたのである。アジアは，政治的には日本やタイなど，ごく一部の例外を除き，西洋の植民地，半植民地となった。

経済的にも，1次産品を生産するモノカルチャー型の遅れた地域にすぎなかった。西洋人からすると，理性による自己コントロール（欲望の制限）を実現する宗教（彼らにとってはキリスト教と同義語）が広く受け入れられていないアジアは，「暗黒のアジア」としてしかみなされなかったようである。彼らにとって，人口が多いアジアは日用品の輸出先ではあっても，「世界の工場」となり，経済発展を遂げるなど，まったくの想定外であった。

　第二次産業革命以前の19世紀初頭までは，経済規模は人口にほぼ比例するため，世界人口の過半を占める中国とインドを抱えるアジアは世界経済の中心であった。1820年の地域別国内総生産（GDP）は，アジアが59％で，欧米が34％と推定されている[1]。しかし，1950年には欧米が世界経済の76％を占めるようになり，アジアはわずか15％にすぎない状況となった。さらに，豊かさの指標となる1人当たりGDPあるいは1人当たり所得で比較するならば，人口の多

Column 10-1　中国企業の国際化：走出去から走進去，そして走上去

　中国企業の国際化は世紀の変わり目の2000年前後から加速した。先難後易の代表は家電大手のハイアールで，当初から新興市場のみならず，先進国市場の開拓を同時に進めた。先易後難の代表が中興通訊（大手電気通信設備メーカー；ZTE）で，まずは参入が容易な新興市場で力を蓄えたのち，先進国市場を目指すタイプである。

　中国政府はこうした早い段階から企業の国際化を後押しし，それは「走出去」政策といわれる。国際化の進め方としては，ハイアール，ZTE，それに奇瑞汽車，吉利汽車のように輸出から始めた会社とレノボのように，IBMのパソコン部門の買収で，一気にグローバルプレーヤーの仲間入りを果たした会社もある。

　走出去による成功企業の次なる課題は，海外市場でローカル企業との競争に勝ち，先進国多国籍企業との競争圧力に耐え抜くことである。そのためには，ローカル市場で消費者ニーズと嗜好を熟知し，顧客の新たなニーズを開拓する「走進去（進出先の市場把握）」が求められる。次いで，現地ニーズに合致した製品開発，現地人材の登用などの現地化を進める「走上去（進出先市場への定着）」が必要になってきた。要するに，中国の多国籍企業は国際経営を深化させる時期に立ち至ったといえよう。

（出所）大木博巳・清水顕司編著（2014）『続　中国企業の国際化戦略』ジェトロ，80-91頁。

いアジアは欧米とは比べるべくもない貧しさに苦しんできたといえる。このことは,「アジアの世紀」と目される21世紀においても,差は縮小傾向であるが,絶対的な比較ではまだまだかなりの格差が存在し,長期に亘って維持されることは確実である。

　これまで,歴史を少しさかのぼり,アジア全体の特徴を描写してきたが,ここからは本章の対象である東アジアに絞って,検討しよう。かつて東アジアといえば,東シナ海周辺の日本,中国,韓国などであり,時には中国東北部,モンゴル,極東ロシアの北東アジアを含むこともあった。東アジアと東南アジアは,距離の離れた異なる経済圏と考えられてきた。しかし,運輸,通信技術それに経済グローバル化の進展によって,これらの地域が1つの経済単位としてまとまりつつある。政治的にも東南アジア諸国連合(ASEAN)10カ国に日中韓を加えた首脳会談(ASEAN+3)が定期的に開催されるようになった。ASEAN+3は地理的距離も北アメリカ自由貿易地域(NAFTA)とほぼ同等であり,現在の技術水準や制度からすれば,経済活動を完結するうえの適正規模と考えられる。本書における「東アジア」は東南アジアと北東アジアを含む地域とするが,こうした定義は何も珍しいことではなく,一般的な地域概念になりつつある。

　東アジアの特徴の1つに多様性を挙げることができる。欧州との比較では明白であるし,北米,他のアジア地域,中南米,アフリカと比べても,多様な国々によって構成される点では群を抜いている。人口13.7億人の中国から550万人のシンガポールまで,名目GDP(2014年)が10.4兆米ドルの中国から118億米ドルのラオスまで,豊かさの指標である1人当たりGDP(2014年)でも5.6万米ドルのシンガポールから1,760米ドルのラオスまで31倍の格差である(世界銀行)。かつて,この多様性は地域の一体化を困難にし,経済発展への障害とみられたが,現在ではアジアの成長の源泉の1つになっている。20世紀の終わりまで,各国が得意とする経済活動を,国境を越えて効率的につなぎ合わせることは困難であったが,ビジネス制度,貿易制度,距離(時間とコスト)によって発生する取引コストが大幅に低下した。そのため,産業や製品によっては,東アジア各国が得意分野を活かし,地域内の経済活動に参加することで,東アジアとして価値連鎖が完結できるようになった。問題は,多様性を取り込

> **Column**
> **10-2** シンガポールのコア産業と経済発展
>
> シンガポールは経済発展に伴い，新たな産業の誘致に努め，経済の高度化を追求してきた。しかし，現実主義の政治指導者はかつての主力産業やローテク産業であっても，安定的なキャッシュ・フローが見込める分野は維持し，先端分野とのバランスを図りながら，経済発展の道を歩んできた。人口数百万人のシンガポールは，政府の強い（独裁的な）指導力が「シンガポール株式会社」ともいえるように，同国経済をけん引してきた。
> 以下は，それぞれの時代の主力産業および政府が誘致に力を入れた分野の一覧である。
>
> | 年代 | 主力産業と誘致分野 |
> | --- | --- |
> | 1960年代 | 軽工業と海運 |
> | 1970年代から1980年代にかけて | エレクトロニクスと石油化学，化学 航空路線と金融機関 |
> | 1990年代から2000年代にかけて | バイオ・メディカル，高等教育機関（欧米ビジネススクール），多国籍企業の地域統括会社（地域本社） |
> | 2010年代以降 | カジノ・観光・医療機関 |
>
> （出所）各種資料とインタビュー調査等に基づき，筆者記述。

むことができる制度環境をさらに進展させることができるかどうかである。

2 主要プレーヤー

 政府系企業

　政府系企業は 2 つに分類できる。1 つは法律などによって，国家予算で運営され，国家事業の一環でもある国営企業である。日本でいえば，郵政民営化以前の郵政事業や法人化以前の国立大学などである。もう 1 つは，会社法などに基づいて設立，運営されるが，政府が完全所有あるいは過半数の株式を握ったり，株式を公開し，上場会社に改組するものの，政府の影響力が維持され，政府系企業（GLC：Government-Linked Company）と呼ばれたりする企業である。「国進民退」といわれる中国における政府系企業（国営企業や地方政府出資企業を含む）の存在感はよく知られているが，シンガポール，インドネシア，

タイなどにおいても程度の差こそあれ，政府系企業は国民経済の主役になっている。

 ## 外国企業

アジア市場の経済的離陸において主要な役割を果たしたのが，先進国多国籍企業の現地法人である。子会社は通常50%超の資本を握り，経営上の支配権を保有する現地法人である。しかし，出資比率が50%に満たない場合であっても，経営者の派遣，技術的優位によって，外国企業が経営権を握る場合が多い。中国の貿易額は2000年以降，急増したが，その過半は外国企業によるものである。また，タイの自動車および同関連産業とマレーシアの電機・電子産業は実質的に外国企業によって形成され，発展した。このように，新興市場の経済発展において，先進国の多国籍企業の貢献は大であった。近年は，新興多国籍企業が他の新興市場に参入する例も増加している。

 ## ファミリービジネス

地場の民間大企業が，特定の家族によって所有され，経営支配を継承する家族経営企業（ファミリービジネス）である場合は多い。戦前の日本の財閥も同様であった。しかし，日本を含む先進国大企業は規模の拡大に伴い，所有権が分散する一方で，専門経営者に経営を委ねるケースが多かった。また，資本市場が効率的であれば，事業間の資本の移転を市場に委ねることが可能となり，コングロマリットを維持する意義は薄れる。他方，新興市場においては，専門経営者の市場が小さく，資本市場も効率的とはいい難い。また，新興国はえてして政治が不安定化しやすいし，経済の好不調の振幅も大きく，経営環境の変化によって多大な影響を受ける。企業を成長させるためには，前例にとらわれない意思決定を果敢に実行できるリーダーが求められるし，そうしたタイプのリーダーシップが新興市場の環境に適合している。東アジアの優れた経営者には，高い権威と強い権限を併せ持った創業家出身者が多い。

3 韓国と台湾⁽²⁾

　東アジア経済の主要プレーヤーは政府系企業，外国企業，ファミリービジネスである。ただし，各国ごとに特徴がある。例えば，中国は国営企業が主役であるし，シンガポールも政府系企業が主要な位置を占める。ASEANは，相対的に多国籍企業の現地法人のプレゼンスが高い。韓国と台湾はファミリービジネスが占める比率が高いが，同じ民間企業であっても，両国には多くの対照的な特徴がある（図表10-1）。

図表10-1◆韓国企業と台湾企業の比較

	韓国	台湾
主要プレーヤー	財閥（チェボル）	ベンチャー発の企業グループ
政府との距離	近い	一定の距離を維持
生産思想	規模の経済追求	柔軟で迅速な生産対応
マーケティング	自社ブランド・自前販路	OEM/ODMからOBMへ発展
人材登用	著名大学からのリクルート	シリコンバレーからの帰国人材
同族経営	所有と経営の一致	専門経営者登用もある

(出所) 筆者作成。

　韓国の4大財閥（サムスン，現代自動車，SK，LG）は，売上高の合計が国内総生産の半分に匹敵するなど，圧倒的な存在である。政府の手厚い保護を受け，創業経営者が企業家精神を発揮し，軽工業から重化学工業へ力点を移動しつつ大発展を遂げた。近年は，サムスンとLGに代表されるエレクトロニクス，家電部門での活躍が目立つ。他方，台湾は独立志向の強い起業家によるベンチャー企業が発展し，大企業になった例が多い。なかでも特徴的なのが，1980年代以降，シリコンバレーからの帰国者が自らのネットワークを活用しつつ，エレクトロニクス産業の発展に寄与したことである。ベンチャー企業は，それぞれがエレクトロニクスの特定分野（パソコン，半導体，液晶パネル，携帯電話，電子機器受託生産など）に集中し，急成長を遂げた。政府系の工業技術研究院との連携によって外部技術の導入を図ったが，韓国のように政府と企業は

二人三脚ではなく，一定の距離を保ったものであった。このように，経済規模と発展段階が近い両国であるが，経済の主役と発展プロセスは大いに異なる。

サムスンに代表される韓国の財閥（チェボル）は，所有と経営が未分離のオーナー経営体制が維持されている。グループ企業の所有構造が複雑で，世界的なコーポレイト・ガバナンス改革の流れを受け，財閥経営の透明化が韓国の制度改革の主な論点になっている。また，長子単独相続を基本とするため，優れた後継者に恵まれればよいが，そうでない場合は経営権継承時にトラブルが発生する場合がある（2000年の現代財閥の分裂）。財閥経営は，トップの権威と強い権限に基づき，重要事項を迅速に決断でき，「意思決定」に強みを発揮する。しかし，しばしば誤解されるようなワンマン経営とは異なり，例えばサムスンでは，本社にトップを補佐するエリート集団がおり，人事，戦略，資金，監査など重要事項に関して，トップの意思決定を補佐する仕組みができている。本社スタッフが日常的に社内外の重要情報の収集と整理を進めることで，トップの優れた経営判断が可能になっている。コングロマリット経営における戦略本社の役割の重要性を示しており，日本企業が学ぶべき点でもある。

韓国企業のもう１つの特徴は外部経営資源の活用である。自社に乏しい人材，技術を国，業界を問わず，世界から獲得し，短期間で効率的に競争力を高めている。このことが，エレクトロニクス，鉄鋼，造船などの分野でライバルの日本企業との距離を縮めたり，凌駕したりする要因となった。ただし，逆にいえば，自社内での人材や技術の蓄積がそれほど進んでおらず，為替の動きなどの環境変化によって，競争力に陰りが出てくることもあり得る。

台湾企業の代表である，パソコン組み立てのエイサー（Acer）やアスース（Asus），携帯電話の宏達電脳（HTC）などは，先進国多国籍企業から組み立てを請け負うOEM（Original Equipment Manufacturing）から出発し，設計を手掛けるODM（Original Design Manufacturing）へと進化した。そして自社ブランド製品を開発，生産（OBM：Original Brand Manufacturing）し，自社チャネルでも販売するようになった。ラーニング・バイ・ドゥーイングで技術力を徐々に高め，完成品メーカーを凌駕する分野も現れた。これらは発展途上国が技術を蓄積し，中進国そして先進国の仲間入りを果たす１つのモデルといえる。

発注元からICの設計データを受け取り，半導体を受託生産するファウンドリーというビジネスモデルは台湾発である。世界最大のTSMC社，UMC社などが有名である。また，鴻海（ホンハイ，中国などでの事業会社は富士康国際あるいはFoxconn International）は，EMS（Electronic Manufacturing Service：電子機器受託生産）最大手でエレクトロニクス製品の生産を超大規模，低コスト，短納期で引き受けている。主要な生産拠点は中国大陸であり，100万人以上を雇用している。また，台南地区には奇美電子やAUO社など液晶ディスプレイメーカーがある。日本から生産技術，生産設備を導入し出発した液晶ディスプレイであるが，自主開発に取り組み，現在では台南サイエンスパークにフルラインの液晶サプライチェインが完成した。

Column 10-3　台湾の自転車・同部品会社

　20世紀の終わり，台湾の自転車産業は中国メーカーの台頭と自らの台湾への工場移転によって，空洞化が懸念される危機的状況に陥った。台北で毎年開催される世界的な自転車トレイドショーも出展企業と来場者が激減し，台湾の自転車産業の存続が危ぶまれるようになった。

　そうしたなか，2003年に自転車メーカー1位，2位のGiantとMeridaを中心に，主要部品メーカー11社が参加するA-Teamが結成され，共同でトヨタ生産システムを学ぶとともに，台湾の自転車産業の地位を国内外で高めるための情報発信を行うことになった。A-Teamへの参加条件の1つが台湾で研究開発と生産に従事することであった。共同実施の生産性向上活動を踏まえ，各社がさまざまな品質向上，生産性向上活動を継続することで，台湾での高付加価値製品の生産，大陸での汎用製品の生産というように，各社ともに域内分業体制を確立した。その成果の1つは，1990年代後半から2014年にかけて，台湾からの自転車輸出台数が400万台前後とそれほど変わらないなか，平均輸出価格（米ドル建て）が4.5倍になったことである。

　近年は，中国の賃金高騰を背景に，大陸での自転車，自転車部品生産の一部がインドシナ半島に移転し，拡大しつつある。高機能のブレーキや変速機は，今でも日本からの輸出が多い。このように，自転車産業は東アジア域内で国境を越えた工程分業が拡大，深化しているのである。

（出所）各種資料とインタビュー調査等に基づき，筆者記述。

4 インドネシアとタイ[3]

　ASEANは，1990年代後半にインドシナ4カ国が加わり，10カ国となった。東アジアで経済規模の大きい日中韓の間で自由貿易協定は締結されていない。しかし，ASEANは日中韓に加え，インド，オーストラリア，ニュージーランドを含む拡大アジアのなかで，域内はもちろんのこと，放射状に主要国との間で自由貿易協定を締結している（ASEAN＋1という）。ASEANは中国の台頭をにらみ，アジア地域においていち早く経済的な連帯を強化するだけでなく，アジア地域の自由貿易を推進するなかで，存在感を維持しようと努めてきた。

　そうしたASEANのなかで，自他ともに認めるリーダーはインドネシアである。インドネシアは1990年代半ば以降の政治的な混乱で，対外的な発言力に陰りが見えたが，21世紀に入り，存在感が回復してきた。かつての第三世界のリーダーであり，現在は新興大国としてG20に名を連ねている。インドネシアは資源大国であり，人口が世界第4位の2.5億人規模なだけでなく，若年人口の比率が高く，いわゆる人口ボーナス[4]が期待される。1人当たり名目GDP（2014年）は3,500米ドル程度であるが，国全体（同）では約9000億米ドルとASEANのなかでは飛び抜けた規模である。

　20世紀後半の30年近く政権を担ったのはスハルト元大統領であり，典型的な開発独裁であった。変動はあるものの，総じて年平均5％〜6％の高い経済成長を実現してきた。インドネシアの人口の9割方はマレー系（ブリプミ）であり，マレーシアと異なり国教化していないものの，そのほとんどがムスリムである。他方，経済分野においては，他の東南アジアと同様に，華人系ファミリービジネスのプレゼンスが圧倒的に高い。スハルト時代は，市場経済を信奉する経済テクノクラート，国産化推進とブリプミ企業家の育成を重視するテクノローグのバランスを取りながら，安定成長を実現してきた。21世紀に入ると，経済テクノクラートと華人企業家の存在感が増し，アジアからの対内直接投資が増加している。

　インドネシアの主要なビジネスグループとして，まずはアストラグループがある。創業者は華人であったが，2002年に英系香港資本のジャーディン・マセ

ソンが株式の過半を取得した。同国の機械・部品産業の中心で，トヨタなど日本企業20社以上と合弁を組んでいる。華人系のサリムグループは即席麺のインドフードを含む食品事業の他に通信，インフラ，農業の各事業を展開している。同じく華人系のシナル・マスグループは紙パルプとパーム油が事業の柱である。1997年のアジア通貨危機後，10大企業グループ入りを果たした，パラグループはプリブミ出身のハイルル・タンジュン氏が率い，小売，金融，メディア，不動産事業を展開している。

　タイにおいても，経済活動の主役が政府系，ファミリービジネス，そして多国籍企業の子会社である点で他の東アジア諸国と変わらない。ただ，タイならではの特徴もある。そうした点を中心に見ていこう。

　タイ石油公社やタイ空港会社，タイ国際航空など，エネルギーやインフラ関連の分野の主役が政府系企業である点は新興市場共通の特徴といえる。タイが戦前から続く王国である点はよく知られているが，王室財産管理局がこれらの主要企業に出資し，大株主になっていることはそれほど知られていない。サイアム・セメントはセメント・建材，石油化学，紙・パルプを主要事業とし，タイを代表する会社であるが，王室が大株主になっている。1913年に国策会社として発足し，王室が3割出資するが，経営に直接関与することはない。そのため，公企業というよりは，経営上は私企業と位置付けられる。王室の存在感が政治や社会のみならず，経済面にも及んでいることを示す例といえるかもしれない。

　タイはのちに見るように，外資，とりわけ日本企業が早くから進出し，長期的に見れば順調な経済発展を遂げてきた。タイは立憲君主制下で議院内閣制を採用する民主主義国家であるが，軍部のクーデタによりしばしば軍事政権が樹立され，軍政と民政の間を行き来している。そうした不安定な政治情勢のなかでも，国家としての安定が保たれてきたのは，王室，とりわけプミポン国王に対する国民の尊敬の念が強いからである。緊張状態が極度に高まると国王が自ら仲介することで，決定的な対立が回避されてきたのである。しかし，近年は，都市部と農村部の対立が先鋭化するとともに，国王の高齢化で国内政治の混乱が広がっているように見える。タイにとっての大きな課題といえる。

　タイのもう1つの特徴は，日本企業を中心に早くから自動車関連産業が進出し，能力を蓄積することで「アジアのデトロイト」といわれるようになり，東

第Ⅲ部　国際経営のフロンティア

図表10-2◆タイ自動車産業の構造

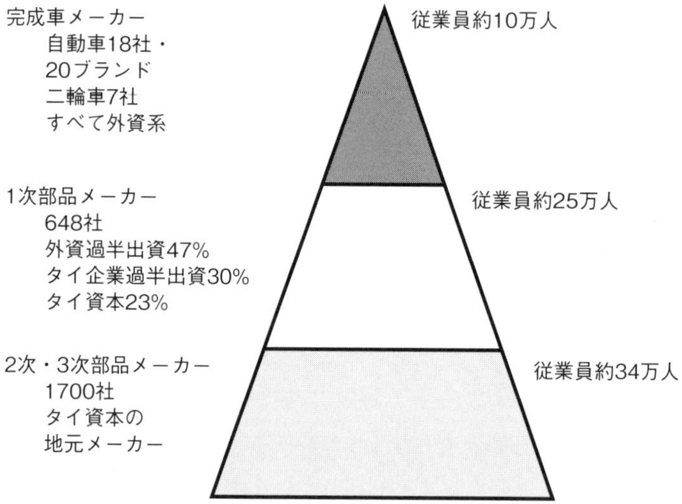

完成車メーカー
　自動車18社・
　20ブランド
　二輪車7社
　すべて外資系
　　　　　　　　　　　　　　従業員約10万人

1次部品メーカー
　648社
　外資過半出資47%
　タイ企業過半出資30%
　タイ資本23%
　　　　　　　　　　　　　　従業員約25万人

2次・3次部品メーカー
　1700社
　タイ資本の
　地元メーカー
　　　　　　　　　　　　　　従業員約34万人

(出所)『日本経済新聞』2014年11月14日。

Column 10-4　　耐久消費財の普及率（2012年）

　東アジアの新興市場は，まずは工業製品の生産地となり，地域経済のプレーヤーとして登場するようになった。その後，経済的離陸が始まったことで，消費市場としての東アジアに期待が集まるようになった。多様なアジアは国ごとに特色はあるが，テレビと携帯電話の普及率が既にかなりのレベルになっている。一方，乗用車，空調機，パソコンの普及はこれからである。しかも，これらの国の多くが平均年齢が低く，人口ボーナス効果が期待される。

国名（単位：%）	空調機	カラーTV	携帯電話	乗用車	パソコン	冷蔵庫	洗濯機
中国	53.0	96.8	92.2	6.1	39.3	77.0	73.2
インドネシア	7.6	73.4	80.7	7.4	13.2	30.6	30.5
マレーシア	34.2	98.8	94.1	63.2	65.8	97.2	89.8
フィリピン	14.2	73.5	83.9	11.2	16.8	42.4	32.3
タイ	14.6	93.1	93.9	14.8	26.3	90.1	55.8
ベトナム	9.5	89.5	86.9	1.5	19.5	50.0	22.5
シンガポール	78.8	99.5	96.3	40.6	87.6	99.2	97.3
日本	89.6	96.5	96.3	83.9	87.7	98.9	99.6
インド	9.6	68.8	44.5	4.4	9.9	20.7	7.7

(出所) 日本貿易振興機構 (2013)『ジェトロ世界貿易投資報告2013年版』, 77頁。

南アジアの自動車産業の中心地になったことである。タイはもはや単なる組立だけではなく，一部企業の一部車種については新興国向けを中心に，世界の開発拠点になっている。現在，タイには自動車組み立てメーカーが18社，1次部品メーカーが648社，2次・3次部品メーカーが1,700社操業している（**図表10-2**）。完成車メーカーはすべて外資であるし，1次部品メーカーの約半数は外国子会社，3割は外資関連会社であるが，残りの2割はタイ国内資本の会社である。しかし，2次・3次メーカーは大半が地場メーカーとなっている。タイの自動車関連産業は約70万人を雇用する一大産業に成長したが，それは製品

Column 10-5　中国企業の国際化：吉利汽車

第一汽車や上海汽車のような中国の国有大手自動車会社は，海外の大手自動車メーカーとの合弁事業を通じて，技術力と経営能力の向上に努めている。他方，海外事業に積極的なのが奇瑞汽車や吉利汽車といった独立系地場メーカーである。前者が輸出ナンバーワン企業であり，地方政府の出資によって，エンジン工場として1997年に設立された。後者は，創業者が一代で築き上げた民営企業である。浙江省杭州市が本拠で，2012年末の総資産が460億人民元（約6118億円），同売上高が256億人民（約3405億円），乗用車生産は49万台（2012年），従業員が1万8千人の会社である。2009年にオーストラリアのトランスミッション生産会社を買収し，2010年にはボルボ・カー（ボルボの乗用車部門会社）を買収した。ここでは，同社の海外生産の動向を一覧にして，ボーングローバル並みの急速な国際化を確認しよう。

発表年月	国・地域	概要
2007.5	インドネシア	「CK-1」のCKD生産をインドネシア政府と合意した。
2009.12	同	Astraグループ傘下企業で「MK」のCKD生産開始。
2008.3	ウクライナ	「自由艦」のKD生産開始。
2009.2	同	「自由艦」の生産開始。
2012.8	同	中国の自主ブランドメーカーの中で，トップシェア獲得
2009.6&12	台湾	裕隆グループの「熊猫」のCKD生産・販売で合意。
2010.1	ロシア	「MK」のCKD開始。3年以内の10万台販売を目指す。
2012.10	エジプト	GBオートで吉利車の生産を開始した。生産規模は3万台。エジプトを中東，北アフリカでの生産・輸出基地との位置付け。
2009.6&12	ウルグアイ	「EC7」をCKD生産し，ブラジル，アルゼンチンにも輸出する。

（出所）大木博巳・清水顕司編著（2014）『続　中国企業の国際化戦略』ジェトロを参考にした。

開発,高度な加工技術,そして現業従事者の技能がそれぞれ着実に向上したからである。外資導入による経済開発の成功モデルの1つといえよう。

★考えてみよう

1. 東アジアの任意の国を選び,第二次大戦後の経済の歩みと主要な企業活動を調べてみよう。
2. 東アジアの企業グループのプロフィールを整理し,強みと今後の経営課題は何か,考えてみよう。
3. 任意の多国籍企業を選び,東アジアの子会社の活動を調べてみよう。

★読んでみよう

1. 大木博巳・清水顕司編著(2014)『続 中国企業の国際化戦略』ジェトロ(日本貿易振興機構)。
2. 末廣昭(2014)『新興アジア経済論』岩波書店。
3. 陳晋(2014)『アジア経営論』ミネルヴァ書房。
4. 中川涼司・高久保豊(2009)『東アジアの企業経営―多様化するビジネスモデル』ミネルヴァ書房。

【注】

(1) 2010年には,アジアが31%,欧米が59%となり,今後アジアの比率が高まり,2050年にはアジアが51%を占めるようになると予測されている。末廣昭(2014)『新興アジア経済論』岩波書店,22頁より引用した。
(2) 主要企業のプロフィールは各種報道と各社のウェッブサイト等を参照した。『日本経済新聞』は,インドと東南アジアの有力企業に,中国と香港企業83社,韓国42社,台湾40社の有力企業を加え,「Asia300」として,紙上で各社を紹介している(2015年11月16日)。
(3) 主要企業のプロフィールは各種報道と各社のウェッブサイト等を参照した。『日本経済新聞』は東南アジアの有力企業を100社選定し(2014年11月20日),「ASEAN100」として,紙上で各社を紹介している。このうち,タイとインドネシアは株式市場に上場する,それぞれ25社含まれる。
(4) 労働力の増加が人口増加を上回ることで,経済発展が期待される状況を指す。日本のように,人口増加が労働力の増加以上であれば,逆に経済発展が阻害され,そうした状況は人口オーナスと呼ばれる。

第11章
南アジア市場

> **Key Words**
>
> ソフトウエア開発，貧困ライン，緑の革命，民主主義，ペティ＝クラークの法則，インド・ウェイ，ジュガード

◆はじめに◆

　本章では，南アジア市場の代表であるインドに絞って議論する。インドを理解するのは難しい。貧困のインドも，ICT先進国のインドもこの国の現実である。発展途上国や新興国はさまざまな形で多面性を持ち合わせている。しかし，その振幅がインドほど大きな国も珍しい。開発独裁は，これまでの発展途上国の経済的離陸におけるモデルパターンであった。しかし，インドは民主主義を前提に，国民のコンセンサスを得ながらの漸進的な経済発展を志向している。経済の主体も国営企業は主にインフラ関連で，主役は3大財閥とその他のビジネスグループである。経済の自由化と対外開放により，多国籍企業子会社の存在感が，今後高まるものと思われる。インドのビジネスグループは，アメリカ的経営に影響されつつも，独自の制度と経営手法によってインド流経営を模索している。

1 │ 貧困の代名詞インド？

　読者は，インドについてどのようなイメージを持っていようか。年代によって大きく異なるかもしれない。20代，30代の読者にとってのインドは，新興国ながら，数学に強く，ITサービス・ソフトウエア開発（以下，ITソフト）で世界水準にある，今後の発展が期待される国かもしれない。40代以上の読者にとって，インドは貧困の代名詞だったのではなかろうか。日印関係は，歴史的に見ても近い関係にあり，それは現代に引き継がれている。経済面では，スズキのように早くからインドで生産活動を行っている会社もあるが，日本企業のインドビジネスが本格化したのは世紀の変わり目前後である。

貧困ラインは1人当たり1日1.90米ドル以下の所得（購買力平価換算）とされる（世界銀行）。1990年当時、世界の貧困人口は20億人（比率は37%）であった。20年余り後の2012年になると、9億人で比率は13%となり、世界の貧困問題は大幅に改善している。国際化の進展には賛否両論あるが、世界規模の貿易と投資の拡大、それに市場経済化が貧困問題の緩和に貢献した点を見逃すわけにはいかない。地域的に見れば、東アジアが大幅に改善（約7%）する一方、サハラ以南のアフリカは未だに4割以上が貧困ライン以下に留まっている。南アジアは2割程度とその中間であるが、人口の多さから絶対数では未だ3億人が貧困ライン以下になっている。インドは、継続的に貧困人口が減少しているものの、2011年現在、全人口の21%を占める2.6億人が貧困ライン以下に留まり、世界の貧困人口の3割近くを占めている。このように「貧困のインド」は変わらないインドの課題である。その意味で、第14章のBOPビジネスのコンセプトがインド発であることは自然のことのように思われる。また、貧困率の高さにも起因するが、乳幼児死亡率や識字率などの人間開発の指標においても、中国をはじめとする他の新興国に比べ、改善スピードが緩慢といえる。他方、他の新興市場とは異なる強みを持っていることは確かで、安定感のある政治によって、経済成長を継続できれば、経済面のみならず、社会的に見ても大きな潜在力を持っている。

> **Column 11-1　言葉が通じない！：多様なインドの公用語**
>
> インドの公用語はヒンディ語であるが、全国どこでもヒンディ語で意思疎通が図れるわけではない。憲法ではヒンディ語のほかに21言語が公式に認定されている。英語は政府機関の使用言語であり、ビジネスに広く使用され、準公用語といえる言語である。このように、広大なインドをカバーする共通語はないため、紙幣にはヒンディ語と英語以外に、15の言語で金額が記載されている。

数理能力に優れ、世界のICT（情報通信技術）をリードするインドと世界最大の貧困人口を抱え、社会的問題山積のインド、果たしてどちらの姿が正しいのか。結論は、どちらも正しいインドの今なのである。2014年の人口は12.6億

人，面積は日本の9倍（中国や米国本土の3分の1），28州と7つの直轄地からなり，実質的な「連邦制」の国である。6つの主要な民族が，憲法で認定された21の言語を操っている。宗教もヒンドゥ教教徒が8割を占めるが，イスラーム教徒も1.5億人で世界第3位のイスラーム国である。ほかにキリスト教徒，シーク教徒，仏教徒などがいる。2014年の経済規模は世界10位の2兆米ドルであるが，国民1人当たり所得は1,600米ドル強にすぎない。地域格差も大きく，インドを一言で特徴づけることは困難である。

20世紀のインドは，貧困の代名詞として語られ，インフラ整備が遅れ，不安定な社会情勢，衛生面の不安など，多国籍企業にとって本格的に相対することが困難な市場であった。実際，撤退事例もあとを絶たなかった。しかし，社会主義的な経済政策が破綻し，1991年に新経済政策が打ち出され，インドは大きく変わった。コンピュータの誤作動が懸念されたＹ２Ｋ（2000年）問題をインドのソフトウエア会社が解決したことで，インド企業への信頼も高まり，今世紀に入り，新興大国の一員として存在感が高まったのである。

Column 11-2　インドの経済成長は経済自由化とIT産業によるものか？

柳澤（2014）は，インドの経済成長が1991年の経済自由化とICTとソフトウエア産業の興隆にあるとの見方に反対し，1980年代に始まった農業・農村部門の発展（「緑の革命」を含む）とそれに伴う農村市場の発達が基底にあると分析している。実際，インドのGDP成長率は，戦後から1970年代の終わりまでは年平均概ね3％の成長であったが，1980年代に入るとコンスタントに6％前後の成長を記録するようになった。インド経済と社会の現状は，20世紀前半以降，この国が経験した歴史的変化の累積によるものと結論づけている。
（出所）柳澤悠（2014）『現代インド経済』名古屋大学出版会。

2 | 特徴的な経済開発モデル

 中国との比較

　発展途上国の経済開発の成功パターンが開発独裁であることに異存はないであろう。その代表例が中国であるが、インドは多くの点で対照的である。しかし、だからといって、それがハンディというわけでもなさそうである。真価が問われるのはこれからであるが、経済開発のもう1つのパターンになるかもしれない。

　インドは世界最大の民主主義国である。普通選挙によって政権が決まるし、実際、21世紀に入ってからも政権交代が起きている。新経済政策によって市場経済化と対外開放政策に転じた点は、中国など開発独裁モデルと共通であるが、自由社会を信奉し、政府の経済統制を嫌う点は徹底している。中国のような一人っ子政策[1]など、国家が個人生活を規制するのは論外であるという。近い将来の中国・インドの人口逆転はほぼ間違いない。また、経済の主体についていえば、もともと国営企業が主役で、「国進民退」の傾向が強まっている中国に対して、インドは政府系企業もあるが、主にはビジネスグループ（財閥）などの民間企業が経済成長を主導し、政府は主な経済主体になっていない。

　C.G.クラークがW.ペティの研究に基づいて提示した、ペティ＝クラークの法則によれば、経済発展に伴い、第一次産業から第二次産業へ、そして第三次産業へと労働人口がシフトし、経済の主役も移り変わる。しかし、インドについていえば、第一次産業の経済に占める比率の減少は、第二次ではなく、第三次産業の増加となって現れた。第三次産業というとITソフトなどを思い起こしがちだが、流通、小売、行政サービスなどの伸びも大きい（両国の上中位所得者人口予想は**図表11-1**）。発展途上国の開発では、多国籍製造会社の進出による、雇用創出と製品輸出が経済開発を促すことが多い。実際、東アジアの国々の経済的離陸の起点は多国籍企業による輸出生産であった。しかし、インドは市場経済化に伴う消費市場の成長に合わせ、経済活動も活発化してきた。これまでの多国籍企業のインド進出の目的は国内市場へのサービスが主であった。

図表11-1◆中国・インド上位所得者人口予想

		2010年		2020年予想	
		比率	人口	比率	人口
富裕層 (可処分所得 $35千/年)	中国	2.7%	0.4億人	12.6%	1.7億人
	インド	1.5%	0.2億人	6.8%	0.9億人
上位中間層 (同$1.5千/年 から$35千/年)	中国	約10%	1.3億人	28.9%	4億人
	インド	約2%	0.3億人	26.9%	3.7億人

(出所) 経済産業省 (2012)『平成24年版通商白書』, 126頁。

この点も, これまで主流の経済開発モデルとは好対照である。

中国は政府の強いリーダーシップで急速な経済発展に成功したが, インドはコンセンサス重視で, バランスを取りながら, 経済開発を進めていくことになろう。大国ゆえに, これまではどちらかといえば, 国内の製造業は国内需要を満たすことに注力してきた。しかし, インフラ整備が進めば, 東南アジアとの経済統合によって, 東アジアのような国境を越えた生産分業 (フラグメンテーション) が進展するかもしれない。そうすれば, 東アジア全域に広がった経済圏がインドなど南アジアにウイングを伸ばし, 世界のなかのアジアの位置付けがさらに高まるものと期待される。

ITサービス・ソフトウエア (ITソフト) 産業

2014年の世界のITソフトの支出総額は1兆2540億米ドルと推定されている (Nasscom, 2015)[2]。2015年見込みによれば, インドのITソフト収入は, 輸出が980億米ドル, 国内が210億米ドルで合計1190億米ドルとなる。インドは世界のITソフト産業の10%弱のシェアを占めることになる。2014年の世界の名目GDPに占めるインドの比率が2.7%であるから, インドのITソフトが世界において, そしてインドにおいていかに重要な位置を占めているかがわかる。ITソフトはインターネットや通信回線によるデリバリーが可能なため (距離の克服), 比較優位が直接反映される面がある。しかし, 他方ではITソフトの主要顧客は企業であり, カスタムメイドのサービスが求められるため, 経済活動に隣接するサービスの提供が求められることも多い。地理的文化的距離は, この分野でも完全には克服されておらず, インドのITソフトの実力は正当に評価

図表11-2◆インドのITサービス・ソフトウエア会社

社名	売上高(2014)	社員数	その他
タタ・コンサルタンシー・サービス（TCS）	155億米ドル	32万人	60カ国に拠点
インフォシス（Infosys）	87億米ドル	16万人	売上9割以上が海外
ウィプロ（Wypro）	75億米ドル	16万人	
HCLテクノロジーズ	58億米ドル	10万人	31カ国に展開
テックマヒンドラ（Tech Mahindra）	31億米ドル	10万人	

（出所）各社ウェブサイト情報。

されるべきである。

　インドのITソフト主要企業は，**図表11-2**のとおり，最大手のタタ・コンサルタンシー，第2位のインフォシス，第3位のウィプロ，第4位のHCL，第5位のテック・マヒンドラと続く。売上高，社員数，海外展開など世界有数の企業に成長した。しかし，タタ財閥のグループ企業として誕生したタタ・コンサルタンシーを除けば，インフォシスに代表されるようにベンチャー企業として誕生し，21世紀に入り急成長したのが，インドのITソフト産業であり，これら主要企業といえる。第5位にテック・マヒンドラは中堅財閥のグループ企業であるが，ベンチャー企業として成長しながら経営破綻した，サティアム（Satyam）の吸収合併により現在の規模になった。

　ITソフトというと先端技術を用いた高付加価値産業を思われがちであるが，電話応対，給与計算，データ入力，ソフトウエア・システム開発など労働集約的な作業の上に成り立つITサービスの比重も高い。かつてのインドのITソフトの強みは安価な運営コストといわれたが，それ以上に多数のプログラマーを確保できる点で，他国を凌駕してきたのである。しかし，現在では，人工知能や自動化の技術導入によるITソフトの効率化と高付加価値化を図っている。さらに，ビッグデータ解析，クラウドコンピューティングを利用してITコンサルタントサービスに留まらず，戦略立案や経営コンサルティングサービスに踏み出している。

　インドでITソフトに直接従事する人口は約350万人，間接従事者は1000万人を超える。2015年の理系の大学・大学院卒業者は150万人に達し，事業規模が拡大するITソフト産業を人材供給面で支えている。同産業は一般にカースト

不問の実力主義が徹底しているし，大手は職場環境の整備と社員の教育訓練に力を入れている。そのため，出自を問わず，優秀な人材がITソフトに集中する傾向がある。インドには，起業意欲の高い人材が多い。ITソフトの業界団体（Nasscom）による起業支援が実施されたり，外国で教育を受け，実務経験を積んだ人材（ウミガメ族という）が帰国して起業したりするなど，ますますスタートアップ企業の存在感が増している。ITソフト産業は，光の当たるインドの一端を示している。

インドの代表的企業(3)

インドにおける政府系企業の存在感はそれほど高くない。それでも，基幹産業とインフラの主要企業に国有企業が名を連ねている。例えば，電力はインド国営火力発電公社（NTPC），石油・ガスでは石油天然ガス公社（ONGC），石炭はコールインディア，銀行はインドステイト銀行などである。しかし，その

図表11-3◆3大財閥のプロフィール

① タタグループ：2014年3月期グループ総売上約11.2兆円
ア．タタ・コンサルタンシー・サービス（TCS）：ITサービス最大手，社員32万人，売上155米億ドル（2015.3）。世界60カ国に子会社。
イ．タタ自動車：英ジャガー買収，タタ・ナノ開発。売上420米億ドル（2015.3）。社員6万人。
ウ．タタ製鉄：インド民間鉄鋼最大手。26カ国で事業展開，社員8万人。売上1.4兆ルピー（約2.8兆円；2015.3）。
エ．タタ電力：電力大手。発電・送電など幅広い。売上863億ルピー（約1.7兆円；2014.3）。
② リライアンスグループ：石油，化学，小売。
ア．リライアンス・インダストリーズ（Reliance Industries）：インド最大の民間企業。売上685億米ドル（2014）。有機化合物，石油化学。
イ．リライアンス・リテール：全国2,300小売店舗（スーパー，アパレル，電気製品）。生鮮食品ネット通販融合。
ウ．通信：280万人の海外ユーザーを含む，1億1800万人の顧客ベース，法人顧客は4万社。2015年3月に4G LTEサービス開始。
③ アデティア・ビルラグループ（Aditya Birla）：分裂したビルラ財閥最大グループ
ア．ヒンダルコ・インダストリーズ（Hindalco Industries）：非鉄金属（アルミ，銅）。1.0兆ルピー（約2兆円；2015）
イ．グラシム・インダストリーズ（Grasim Industries）：化学，繊維。売上2930億ルピー（約6000億円）。Viscose staple繊維とセメントが主力。

（出所）各社ウェブサイトその他の資料を参照し，筆者作成。

他の主要産業は民営企業によるものである。

　民間企業のなかで主要な地位を占めるのが財閥である。3大財閥といえば，タタグループ，リライアンスグループ，ビルラグループである（**図表11-3**）。なかでも，タタはグループ総売上（2014年）が11兆円を超える最大の企業グループである。ITソフトはむしろ後発で，自動車，製鉄，電力と基幹産業の主要な位置を占めている。タタに次ぐのが，リライアンスグループで，有機化学，石油化学のインド最大の企業と全国2,300店舗の小売業などを傘下に持つ。ビルラグループは分裂し，非鉄金属と化学，繊維のアデティア・ビルラグループが3番手になっている。このほかに，ゴドレジグループ，マヒンドラ・アンド・マヒンドラ，ヒーロー・モトコープ，バジャジ・オートなどの中堅財閥が

Column 11-3　多国籍企業の在印研究開発（R&D）センター

　2013年現在，世界の多国籍企業がインドに設置しているR&Dセンター数は1,031社に上り，インドからのR&Dサービスに係る輸出額も163億米ドルに達する。R&Dセンターの多くは2000年以降の設置で，2010年以降に開設された主な会社には，ユニリーバ，Expedia，パナソニック，リコーなどが含まれる。

　ITソフト産業については，よく知られるようにY2K問題（世紀の変わり目にコンピュータが誤作動を起こすのではないかと懸念されたが，プログラムの書き換えによって，結果的に大きな問題は発生しなかった）に関連し，1990年代後半から，多国籍企業のインド参入が増加した。主なる集積地はバンガロール，ハイデラバード，そしてムンバイである。むろん，これらの都市には多国籍企業だけでなく，急成長したインドのITサービス会社の本社があったり，開発拠点になったりしている。以下は，これら3都市に立地する多国籍企業のR&Dセンターである。

都市名	R&Dセンター設置多国籍企業
バンガロール	IBM，アルカテル・ルーセント，HP，ソニー，シーメンス，フィリップス，テキサス・インスツルメント，LG，SAP，Huawei
ハイデラバード	モトローラ，ベル研究所，マイクロソフト
ムンバイ	Informix，島津製作所，E-gain

（出所）Shenkar, O., Y. Luo and T. Chi（2015），*International Business*, New York and London: Routledge, pp.440-441.

続く。日用品，消費財関連の有力企業を挙げるならば，後発薬のサン・ファーマシューティカル，ヘアオイル，歯磨きなどの日用品と果汁飲料など食品のダブール・インディア，キングフィッシャー・ブランドのビールで有名なユナイテッド・ブリューワリーズなどがある。

　国有企業と現地民間企業に加え，外資系企業が一定の存在感を示しているのも新興国の特徴である。インドでは，BOPビジネスの成功例として知られるヒンドゥスタン・ユニリーバ，1981年設立のマルチスズキ（現社名），自動車部品のボッシュ，食品のネスレ・インディアなどである。ただ，先進国多国籍企業の現地法人が経済的離陸を先導した東アジアと比べ，インドでの存在感はこれまでそれほど高くなかった。しかし，経済の自由化とモディ首相が唱える「レッドテープからレッドカーペットへ[4]」という外資導入政策によって，今後は外資企業の活躍の場が広がることが期待される。

3　経営思想と手法

　この節ではインドの経営思想と手法についてまとめよう。J.シンらは，インドを代表する企業98社の経営者へのインタビューを重ね，インド企業と経営者に共通の特徴を抽出し，それを「インド・ウェイ」と名付けた[5]。他国，とりわけ米国企業との差異を意識しつつ，インド企業独特の経営慣行，組織能力，企業文化を以下の4点に集約して議論している。

　1つは社員との全面的で強固な関係の構築である。企業の競争優位を支えるのは社員の前向きな態度と行動であるとの認識から，社員との信頼関係醸成に最大限の努力を傾けている。ITソフト大手のHCLテクノロジーズはこのことを「社員第一，顧客第二」という端的なスローガンで表している。そのため，人事部門の主要な役割は人材開発となる。社員の能力向上を実現するため，人材投資，問題解決の権限と自律性付与（エンパワーメント），「会社の利益」という観点から行動できる組織文化の創造と定着に注力している。経営者の職務が戦略の立案であることは論を俟たないが，同時にそうした組織文化を維持するとともに，社員の手本となり，教師となることも重要な仕事であるとの認識が一般的である。このことは，一見インド企業の特長と思われるかもしれない

が，調査対象がインドの優良企業であり，比較対象が米国企業の一般的な姿であるため生じた違いなのかもしれない。日本も含め，国籍に関係なく，優良企業の共通点は経営理念と価値観を社員と共有する，社員第一の経営といえるのかもしれない。

2つ目は即興力と適応力に優れたジュガード（応急措置）の精神である。1991年以前のインドは社会主義的政策と官僚主義によってビジネス・アンフレンドリーな市場であり，毎日のように予期できないような高いハードルが待ち構えていた。そうした環境下でビジネスの世界に入った現代のインド人経営者は先進国の経営者に比べて，適応力，柔軟性，そして復元力に優れている。インドの経営者はこうした強みを活かして，価値観と将来ビジョンを一致させつつ，新製品の開発など新たなビジネスに取り組んでいる。

3つ目は創造的な価値提案である。インド市場は巨大で，顧客の価値意識がシビアで，商品の識別能力も高いため，競争は激しい。ただ，購買力がそれほど高くないため，商品価値と価格がバランスするような，高度で創造的な提案が必要になる。要求の多い消費者ニーズと効率性の両立，伝統的な文化と新しい製品・サービスなど，一見，二律背反に見える課題の解決を図らなければならない。それを実現するため，経営ビジョンへのコミットメントを前提に，スピードを重視し，意思決定を現場に委ねることも多い。

4つ目は高遠な使命の実現である。インド人経営者は個人的価値，将来ビジョン，戦略的思考を特に重視する。株主重視の必要性は認めつつも，企業にとっての高遠な社会的使命を全うすることを第一に考える。それは家族の繁栄，地域と国家の発展であり，会社の業績と同様に重要な経営目標になっている。社会的責任としてコーポレイト・ガバナンスを捉え，幅広いステイクホルダーの利害をバランスさせ，国益に沿った意思決定を重視する。経営者は，特定の株主ではなく，会社のための経営に徹するという意識が強い。

2つ目，3つ目の特徴は，発展途上国，新興国の優れた経営者に必須の要件かもしれない。ただ，インドはその程度が抜きんでているように思われる。4つ目の特徴は，確かに現在の先進国の経営者に乏しい姿勢かもしれない。経済発展の途上にあっては，国家の発展と企業の成長がパラレルの関係になることが多い。先進国の多国籍企業もかつては，国の発展への貢献を経営目的の上位

に位置付けていたのである[6]。

★考えてみよう

1. インドの主要な言語，民族，宗教は何かを調べてみよう。
2. インドの代表的な企業グループのプロフィールを調べてみよう。
3. インドに進出している日本企業を選び，どのようなビジネスを展開しているか調べてみよう。

★読んでみよう

1. 石上悦朗・佐藤隆広編著（2011）『現代インド・南アジア経済論』ミネルヴァ書房。
2. Cappelli, P. et al. (2010), *The India Way*, Harvard Business Press.（太田正孝監訳『インド・ウェイ飛躍の経営』英治出版，2011年。）
3. 柳澤悠（2014）『現代インド経済』名古屋大学出版会。

【注】

(1) 1979年に始まった中国の一人っ子政策は2015年に廃止が決まった。
(2) Nasscom (2015), *The IT-BPM Sector in India: Strategic Review 2015*.
(3) 日本経済新聞社はインドの有力44社をIndia40として選出している（『日本経済新聞』2015年4月16日）。
(4) レッドテープは官僚主義を意味し，レッドカーペットは歓迎の意を表す。外資に対して差別的であった政策を転換し，外資誘致を積極化するとの政策を端的に示したスローガンといえる。
(5) Cappelli, P. et al. (2010), *The India Way*, Harvard Business Press.（太田正孝監訳『インド・ウェイ飛躍の経営』英治出版，2011年。）
(6) 例えば，トヨタ自動車とパナソニックは，「産業報国」を，それぞれ綱領と遵奉すべき精神として現在も掲げている。

第Ⅲ部　国際経営のフロンティア

第12章
アフリカ市場

> **Key Words**
> 人間開発指数（HDI），ハイリスクハイリターン，
> 人口ボーナス，モザイク模様，天然資源の呪い，中間層

◆はじめに◆

　アフリカは日本から遠く，ビジネス活動を行う市場としてのイメージが乏しいかもしれない。人口と経済規模はインド並みであるが，面積は広大で文化背景も多様である。20世紀末までは不安定な政治と社会情勢，それに内戦の頻発によって，世界の動きから取り残されてきた。しかし，21世紀に入ると，政治的安定が一定程度担保され，経済成長も始まり，中間層の拡大が期待される国も出てきた。日本企業がアフリカで本格的なマーケティング活動を展開する場合，各国別ではなく，地域単位で対応すべきであるし，単独というよりはアフリカをよく知るパートナー企業との協業が有効であろう。ただし，アフリカ市場にコミットすることなく，既存製品を既存チャネルで販売しようとしても，アフリカ市場への浸透は難しいであろう。

1 アフリカでビジネス？

　アフリカは遠い。日本からの距離でいえば，南米も同等かもしれない。しかし，日系移民が多い南米と比べ，文化を含めあらゆる面でアフリカは日本からもっとも遠い地域かも知れない。古い歌謡曲の「カスバの女」には，「ここは地の果てアルジェリア」という一節があった。極東から見れば，地の果てという感覚もあながち大げさではないのかもしれない。

　読者のなかには，アフリカを「市場」として捉え，「ビジネス活動」に従事するといっても，すぐには想像しづらいかもしれない。地理的，文化的その他の距離は，現在でも国際ビジネスの障害であるが，第二次大戦後も長きに亘り，

今日以上に大きなコストをもたらす要因であった。そのため，発展途上国ビジネスでは，米国の多国籍企業は中南米市場，日本はアジア市場，欧州はアフリカ市場を後背地（ヒンターランド）として得意としてきた。とはいえ，日本企業にとってアフリカがまったくの手つかずの市場だったわけではない。総合商社や国際マーケティングを早くに開始したメーカーはアフリカに駐在員事務所を開設し，輸出マーケティングに力を入れてきた。自動車および関連製品などの耐久消費財，一部非耐久消費財，それに肥料その他の化学品などである。また，政府開発援助（ODA）によるインフラ整備のプロジェクトなどに従事する日本企業もあった。ただし，南アフリカ共和国（以下，南アフリカ）のアパルトヘイト政策に伴う経済制裁やアフリカ各国の政情不安，天然資源価格の低迷，経済発展の遅れなど，20世紀のアフリカは世界が注目する市場ではなかった。

　市場が機能し，経済的離陸の条件が整う前提は，政治的，社会的安定であろう。アフリカ諸国はごく一部の例外を除き，植民地として，旧宗主国に従属する社会であった。戦後，次々に独立したとはいえ，すぐに政治の安定が担保されたわけでもない。独裁体制がすべて悪いとはいわないが，アフリカの指導者の多くは，経済発展のための基盤作りにはほとんど興味を示してこなかった。植民地時代に作られた民族間の対立も絡み，政情の安定とは程遠い状況が続いた。しかし，21世紀に入り，全般的に見れば，クーデタや内戦がほぼ終結し，安定化の方向に向かっている。他方，北・西部アフリカではイスラーム過激派によるテロ事件が頻発し，一部の国では未だ政治的，社会的安定は実現していない。

　2015年の国連開発計画の人間開発指数（HDI）によれば，アフリカ諸国のランキングはモーリシャスなど島嶼国とアルジェリアなどの天然資源産出国の数カ国を除き，100位以下に留まっている[1]。HDIは人間開発の代理変数としての平均余命，国民の知識レベルを示す教育年数，それに経済的豊かさを示す1人当たり国民所得によって算出される。また，世界銀行の集計による識字率（2010年）は，中近東・北部アフリカの計で80.3％，サブサハラ（サハラ砂漠以南の49カ国）の計は71.3％と他の地域と比べ，低い数値になっている。南アフリカは90％以上と他の主要新興市場並みであるが，その他の主要国は70％前後，

図表12-1 ◆主要国のプロフィール（2014年）

		GDP		人口		GDP/人		識字率	ビジネス環境
		10億米ドル	構成	百万人	構成	米ドル	全体比	%	順位
北部アフリカ	エジプト	286.44	12%	86.7	8%	3,304	1.50	73.9	131
	アルジェリア	213.52	9%	39.5	4%	5,406	2.45	72.6	163
東部アフリカ	ケニア	60.94	2%	42.9	4%	1,420	0.64	72.2	108
	エチオピア	54.81	2%	88.4	8%	620	0.28	39.0	146
西部アフリカ	ナイジェリア	574.00	23%	173.9	16%	3,300	1.49	51.1	169
	コートジボワール	33.74	1%	23.1	2%	1,460	0.66	41.0	142
中部アフリカ	コンゴ民主	35.92	1%	79.3	7%	453	0.21	79.0	184
	カメルーン	31.78	1%	22.5	2%	1,410	0.64	71.3	172
南部アフリカ	南アフリカ	350.08	14%	54.0	5%	6,483	2.93	93.7	73
	アンゴラ	129.33	5%	24.4	2%	5,304	2.40	67.4	181
北西南部6カ国計		1,587.11	64%	401.6	36%	3,952	1.79		
10カ国計		1,770.56	72%	634.7	57%	2,790	1.26		
アフリカ全体		2,461.50	100%	1,114.2	100%	2,209	1.00		

（注1）識字率は，エジプト，コートジボワール，コンゴ民主，南アフリカが2012年，ナイジェリアが2008年，ケニア，エチオピアが2007年，アルジェリアが2006年，アンゴラが2001年である。なお，中近東・北アフリカ合計は80.3％，サブサハラ合計は71.3％（ともに2010年）である。
（注2）ビジネス環境は，世界銀行の*Doing Business 2016*の国別ランキングである。
（出所）識字率とビジネス環境は世界銀行，その他はIMFのWorld Economic Outlook Database April 2015.

コートジボワール，ナイジェリア，それにエチオピアは40～50％と特に低い数値となっている（**図表12-1**）。教育水準は社会の成熟度を示す重要な指標であり，基礎的な文化レベルを端的に表している。経済活動との関連でいえば，たとえ付加価値の低い単純労働であっても，決められた時間に決められた場所で，労務規程やマニュアルに従って労働に従事しなければならないが，識字率の低さはそれを困難にするであろう。職場における規律遵守の基礎となる前提が教育であり，民度の向上がカギを握る。教育，健康，経済的豊かさは三位一体である。その意味で，アフリカ市場におけるビジネス活動の推進は道半ばであり，経済的な離陸には多くの困難が待ち受けているといわざるを得ない。

　他方，経済活動は裁定取引であるため，マクロに見ればハイリスクハイリターンになる。アフリカ市場も同様である。アフリカは，他の新興市場と比べても，政府の政策や事業環境の予期せぬ変動（不確実性）に伴うリスクが高い。加えて，気候変動のリスクによって，事業の継続が突然，困難になる場合もある[2]。このようにアフリカの事業リスクは高いのであるが，それをクリアでき

るとすれば，高い利益が期待できる。

> **Column 12-1　ウガンダでオーガニックシャツを生産！**
>
> 　東部アフリカにウガンダという内陸国がある。赤道直下であるが，標高1000メートル以上の高地にあり，温暖でしのぎやすい気候の国である。ナイル川の源流となるビクトリア湖の湖畔に首都カンパラはあり，かつて英国のW.チャーチル首相が「アフリカの真珠」と称えたところである。
> 　「ウガンダの父」といわれる柏田雄一は，大学卒業後の1958年にヤマトシャツに入社した。1960年に初めてウガンダに出張し，「ヤマト」がシャツの代名詞になるほど市場に浸透していることを知る。1962年に独立したウガンダは，縫製業を立ち上げるため，同社を誘致し，1965年に合弁会社「UGIL」は設立された。度重なるクーデタや内戦に巻き込まれながらも，日本流の5S（整理，整頓，清掃，清潔，しつけ）を徹底し，とりわけ働くことの意味と意義を従業員と共有するよう努めた。よく働いたら褒め，ルール違反には罰則を与えることで，規律が守られるようになり，従業員の技能も向上し，高品質シャツの生産に成功した。
> 　しかし，1979年の内戦で工場は破壊され，翌年に生産を再開したのも，つかの間で，1984年に会社は国有化されてしまった。ウガンダを離れて15年後，柏田はムセベニ大統領に招かれ，縫製産業の再興を依頼された。2000年に旧工場を買い取り，シャツの生産を再開する。しかし，中国製の安価なシャツが出回り，かつてのように作れば売れるという時代ではなくなっていた。そこで，オーガニック（有機栽培）綿花を使った「ウガンダ製オーガニックシャツ」による差別化を図った。国内には良質なオーガニック綿花の産地がある。この高品質シャツを生産するためには，有機栽培の綿花を糸にして，織って生地にし，染色し，裁断，縫製する一貫生産ラインが必要で，すべて内製化しなければならない。資金的には，技術面でも困難な事業であったが，政府系金融機関の融資と製造技術の徹底によって，事業を成功に導くことができた。
>
> （出所）池田新太朗（2013）「内戦で破壊された工場，破壊されなかった絆」『日経ビジネスONLINE』5月31日ほか。

2　「最後のフロンティア」？

課題山積のアフリカであるが，21世紀に入ると，国によっては，社会が安定

し，経済的離陸の兆しが現れるところも出てきた。資源国にとって，天然資源価格の高騰は強い追い風になった。そして，不十分ながら，徐々に市場が機能するようになってきたことも大きいし，政治指導者の汚職摘発の動きも顕在化し始めた。もちろん，市場と民主主義が直線的に前進し，機能するわけではないし，数十年以上の時間が必要かもしれない。しかし，アフリカ市場も，世界の動きと無縁ではいられなくなったことだけは確かである。

図表12-2◆アフリカの中長期経済予測

	単位	2000年	2010年	2020年	2030年	2040年	2050年	2060年
名目GDP	10億米ドル	586	1,719	2,584	3,969	6,031	8,838	12,428
実質GDP成長率	％	4.5	4.9	5.5	5.4	5.3	4.8	4.5
1人当たりGDP	米ドル	717	1,667	2,252	2,897	3,792	4,919	5,127
1人当たり実質GDP成長率	％	2.1	2.6	3.8	3.9	4.0	3.8	3.6

(出所) 経済産業省貿易経済協力局編 (2013) 『アフリカビジネス』 168頁。原出所はアフリカ開発銀行 (2011) の*Africa in 50 Years Time*。

図表12-2はアフリカ全体の経済動向と将来の予測値である。21世紀の最初の10年で，経済規模は3倍になり，1人当たりGDPも2倍強になった。2020年以降の数値はアフリカ開発銀行の試算であり，さまざまな前提に基づくものであるから，そのまま受け止めることはできないが，20世紀のアフリカとは異なる状況であることは間違いない。**図表12-3**はアフリカおよび他地域の人口と今後の見通しである。アフリカは，2015年現在約12億人で，2050年には倍増すると予測されている。人口規模は，中国やインド並みであるが，今後数十年に亘って，大幅な人口増が見込まれている。かつて，発展途上国の人口増は，わずかな経済成長を食いつぶすとして否定的な見方が大勢であった。しかし，近年の議論は，市場が機能し，対外開放が進み，経済成長路線に乗ることができれば，人口増は労働力と購買力の増加による人口ボーナスとして経済成長をさらに加速させる要因になるとされる。アフリカの人口増が，貧困を増加させるのか，経済成長を促すのかはわからないが，アフリカが大きく変わろうとしていることは間違いない。

図表12-3◆各地域の人口見通し（億人）

	2015年	2020年	2030年	2050年
アフリカ	11.9	13.4	16.8	24.8
中国	13.8	14.0	14.2	13.5
インド	13.1	13.9	15.3	17.1
中南米	6.3	6.7	7.2	7.8

（出所）小池純司・平本晋太郎ほか（2015）『アフリカ進出戦略ハンドブック』東洋経済新報社，15頁。

　アフリカの人口はインド並みであると述べたが，経済規模（GDP名目値）もアフリカが2.5兆米ドル，インドは2.1兆米ドル（2014年）と比較的近い。前章でインドの多様性について議論したが，人口と経済規模の似通っているアフリカは，インド以上に多様で，複雑である。アフリカの面積はインドの9倍である。アフリカを一括して議論することはむろん乱暴で，エリトリアと南スダンが独立し，現在は世界の約4分の1，54カ国によって構成される。

図表12-4◆主要国の文化背景

		言語1	言語2	宗教1	宗教2	旧宗主国
北部アフリカ	エジプト	アラビア語		イスラーム		イギリス
	アルジェリア	アラビア語	フランス語	イスラーム		フランス
東部アフリカ	ケニア	スワヒリ語	英語	キリスト教		イギリス
	エチオピア	アムハラ語	英語	キリスト教	イスラーム	n.a.
西部アフリカ	ナイジェリア	英語		イスラーム	キリスト教	イギリス
	コートジボワール	フランス語		イスラーム	キリスト教	フランス
中部アフリカ	コンゴ民主共和国	フランス語		キリスト教		ベルギー
	カメルーン	フランス語	英語	キリスト教	イスラーム	仏英
南部アフリカ	南アフリカ共和国	英語	アフリカーンス	キリスト教		イギリス
	アンゴラ	ポルトガル語		在来宗教	キリスト教	ポルトガル

（出所）外務省の各国一般情報（http://www.mofa.go.jp/）ほか資料を集計した。

　図表12-4は，アフリカを5つの地域に分け，それぞれの主要2カ国の文化背景を，言語，宗教，旧宗主国別に整理したものである。北部アフリカはイスラーム圏であるが，チュニジア，アルジェリア，モロッコ（マグレブ諸国という）はフランス語圏でもある。東部アフリカは英語が通じやすく，キリスト教文化である。西部アフリカもイスラームが浸透している点で共通だが，旧イギ

リス植民地と旧フランス植民地で言語と文化がはっきり分かれている。中部アフリカはフランス語とキリスト教が主であるが，旧宗主国は分かれる。南部アフリカのアンゴラは旧ポルトガル領でポルトガル語が公用語である。南アフリカの第2言語アフリカーンスはオランダ植民地時代のオランダ語に由来する。このように，地域別，国別の文化背景を整理しただけでも，インド以上に多様なアフリカの実像の一端を理解することができるであろう。さらにいえば，1国内であっても，部族，言語の違いなどの差異が存在し，時には深刻な対立を引き起こしてきた。ゲマワットのCAGEフレームワーク[3]にならえば，文化的にも，政治的にも，地理的（距離）にも，経済的にもアフリカは1つではなく，モザイク模様の大陸であることがわかる。

アフリカが天然資源の供給地であることはよく知られている。北部アフリカのアルジェリアとリビア，それにナイジェリアは石油と天然ガスの主要な生産国である。このほかに，アフリカ近海で開発が有望視される石油・天然ガス田が複数存在する。燃料以外の鉱物資源の宝庫は南アフリカなど南部から中部アフリカにかけての地域である。白金類，金，銅，コバルト，ダイヤモンド，バナジウムなど多岐に亘る。天然資源の賦存が確認される例が増えるとともに，今世紀に入り天然資源の需要が拡大したことが資源国の経済にもたらした影響は大きい。「天然資源の呪い[4]」に陥ることなく，天然資源を恩恵にできるかどうか，各国指導者の手腕が問われる。日本企業はこれまでもアフリカで産出される天然資源を長期に引き取る契約を結ぶことはあっても，リスクを取って，権益を確保することにはそれほど積極的ではなかった。しかし，近年は，日本企業が参加する天然資源開発プロジェクトも増えてきた。

ユーラシアや中南米の新興市場と同様に，21世紀に入ると，アフリカの主要国も大きく変わろうとしている。内戦や域内の紛争が大幅に減少し，選挙によって政権選択がなされる国も増加している。都市化の進行とともに，中間層も拡大傾向にある。2014年の1人当たりGDPが約6,500米ドルの南アフリカは中進国の域に達しており，アフリカでは別格である（図表12-1）。そして，1人当たりGDPが3,000米ドルから5,000米ドルのその他の資源国や1,500米ドル程度のケニア，コートジボワールなども，社会が安定に向かうとともに購買力が向上している。アフリカというと，ごく一部の安価な消費財市場しか存在しな

いと思われるかもしれないが，自動車，トラック，オートバイなど輸送機械の市場は早くから存在しているし，今世紀に入り需要も拡大している。家電，AVなどの耐久消費財，なかでも携帯電話の普及は急で，2010年の契約数は2人に1台，2020年には1人1台になるとのアフリカ開発銀行の試算もある[5]。また，先進国企業が得意とする高品質高価格製品の市場は限定的と思われるかもしれないが，BOP市場（第14章）に対する誤解と同様に，アフリカにも技術を理解し，ブランドを重視する消費者は一定規模存在する。他方，非耐久消費財については，購買力が低い消費者が購入しやすくなるような工夫が欠かせない。いずれにせよ，アフリカの消費市場は，これまで考えられていたような，苦労が報われない市場ではない。マーケティングの基本に立ち返り，市場にコミットできれば，リターンの期待できる，最後のフロンティア市場なのである。

図表12-5はアフリカで生産活動に従事する主な日本企業である。南アフリカは例外であるが，他のアフリカ諸国での生産活動が他の新興市場と比べても低調であることがわかる。これは米国企業も同様であるし，欧州企業においても程度の差こそあれ，基本的には同じである。アフリカ市場における付加価値の創出は，第一次産業が中心で，第二次産業は第三次産業と同様に未だ低調なのである。ただし，南アフリカは自動車および関連産業の生産集積地になっており，サブサハラ諸国への輸出拠点にもなっている。このほかに，エジプトやモロッコでも自動車の組み立て工場が，ケニヤやナイジェリアには二輪車の組み立て工場がある。さらに，北部アフリカは縫製業が盛んなため，エジプト，チュニジア，モロッコには日系ファスナーメーカーの工場がある。それでも，これらは限定的であり，アフリカにおける第二次産業の進展は今後の課題といえる。

図表12-5◆日本企業の主な生産拠点

国名	企業名	主な製品	出資比率
モロッコ	デンソー	カーエアコンの製造	100%
	住友電装	ワイヤーハーネスの製造	n.a.
	矢崎総業	ワイヤーハーネスの製造	100%
	YKK	ファスナー製品の製造・販売	n.a.
チュニジア	住友電装	ワイヤーハーネスの製造	n.a.
	矢崎総業	ワイヤーハーネスの製造	100%
	YKK	ジッパーの製造・販売	n.a.
エジプト	大塚製薬	医薬品，輸液の製造販売	68.6%
	神戸物産	食料品の製造	99%
	日産自動車	自動車・部品の製造販売	99.9%
	ユニチャーム	ベビー・生理用品の製造販売	65%
	YKK	ジッパーの製造・販売	n.a.
	住友電装	ワイヤーハーネスの製造	n.a.
ナイジェリア	ホンダ	二輪車の製造	30%
	ヤマハ	二輪車の製造	50%
ケニヤ	ホンダ	二輪車の生産販売	90%
	ヤマハ	二輪車の製造	n.a.
	日清食品	即席麺の製造販売	70%
タンザニア	パナソニック	乾電池，懐中電灯の製造	n.a.
	ユアサ	自動車用蓄電池の製造販売	10%
南アフリカ	ブリヂストン	タイヤの製造販売	100%
	矢崎総業	ワイヤーハーネスの製造	25.1%
	Hoya	ビジョンケア製品の製造	100%
	いすゞ	商用車とバスの製造販売	70%
	関西ペイント	塗料の製造販売	83.3%
	日本ガイシ	自動車排ガス浄化用セラミックス製造販売	100%
	日本特殊陶業	スパークリングプラグの製造販売	75%
	日産自動車	車両と部品の製造販売	100%
	住友電装	ワイヤーハーネスの製造	n.a.
	デンソー	カーエアコン，ラジエータの製造販売	25%
	住友ゴム	ラジアルタイヤの製造販売	100%
	トヨタ合成	自動車用セーフティシステムの製造	65%
	トヨタ紡織	シート，内装品の製造販売	85%
	トヨタ自動車	自動車，エンジンの製造販売	100%
	UDトラックス	トラックバスの製造販売	80%
スワジランド	YKK	ジッパーの製造・販売	n.a.

(注) n.a.は情報なし。
(出所) 東洋経済別冊海外進出企業総覧（国別）2015年版。

3 アフリカ市場参入と展望

　最後に,日本企業がアフリカでのマーケティング活動を本格化する際の留意点について,簡単にまとめておこう。まずは,当たり前のことであるが,アフリカは1カ国ではないし,モザイク状の広大な大陸である。1つの市場として扱うことはできないので,まずは攻略すべき市場の優先付けを行う必要がある。例えば,南アフリカ,エジプト,ナイジェリアなどの市場が上位に位置するかも知れない。しかし,その他の市場も1カ国ごとでは,需要が限られ,十分な経営資源を振り向けることが難しいかもしれないが,地域単位で面として捉え,アプローチすれば,一定規模の市場になる。例えば,北部アフリカ,西部アフリカ,東部アフリカ,それに中部・南部アフリカである。それぞれの中核市場か,あるいは交通の要衝に拠点を設ければ,担当地域全体を見渡すことができる。

　2つ目は,単独でのマーケティングよりも,パートナーとの協業を視野に入れることである。アフリカは日本からはやはり遠い。早くからアフリカに拠点を設置し,ビジネス活動に従事してきた総合商社といえども,現地ネットワークを十分に張り巡らせているわけではない。市場に関する知識と現地社会とのつながりの弱さを克服する必要がある。主要市場であれば,ローカル企業のなかに適切な相手が見つかるかもしれない。東部アフリカであればインド企業に一日の長がある。アジアにおける華僑と同様に,早くから印僑[6]は東部アフリカの経済で主導的な役割を担ってきた。西部アフリカの仏語圏では旧宗主国のフランス企業が強い。豊田通商は,2012年にフランスの商社でアフリカ市場に強いCFAO S.A.を買収することで,アフリカにおける自動車販売での協業に留まらず,消費財ビジネス,医薬品卸売事業へのアクセスが可能になった。さらに,CFAOとカルフールの提携によって,サブサハラでの小売事業に日本企業としては初めて,参画できるかもしれない[7]。

　アフリカは最後のフロンティア市場である。確かに,全体として見れば,社会の安定とともに経済的離陸に向けた動きも見られる。中核市場では中間層も拡大しつつある。だからといって,片手間で攻略できるほど甘くはない。攻略

すべき市場に狙いを定め、マーケティングの基本を踏まえ、市場にコミットすることでしか、成功の糸口をつかむことはできないのである。

Column 12-2　輸出拠点としてのモロッコ

　製造業不毛の地であるアフリカのなかで、モロッコは例外的な存在である。観光地であるモロッコは、観光サービスの輸出が72億米ドルとGDPの約7％に相当するが、製造業輸出はその2倍強の159億米ドル、GDPの15％を占めている（2014年）[8]。輸出先も欧州向けが財輸出の61％を占めており、アフリカのなかでは特異な存在である。モロッコはEUや米国など50カ国・地域と自由貿易協定を結んでおり、相手国は世界のGDPの6割を占めている。また、立地面でも地中海を挟んで欧州に近いということが強みになっている。

　モロッコには、米国デルファイ（自動車部品）、日本の住友電装、矢崎総業（ワイヤーハーネス）が生産進出し、製品は欧州向けにも輸出している。ルノーは低価格ブランドのダチアの生産工場を開設し、欧州向けの輸出基地にしている。自動車以外でも、カナダのボンバルディア、米国ユナイテッド・テクノロジー、仏サフランが航空機部品の工場を操業している。食品産業では、仏ダノンが現地乳業大手を買収し、日清食品は販売会社を設立し、北部アフリカからサブサハラにかけて即席パスタの販売に力を入れている。

　こうしたモロッコの経済的成果の基礎にあるのは、内政と社会の安定である。国境を容易に越えるテロがモロッコに及ばないことを願うばかりである。

（出所）「モロッコ、輸出拠点に」『日本経済新聞』2014年12月14日ほか。

★考えてみよう

1. アフリカの主要国を選び、プロフィールを整理してみよう。
2. 南アフリカの主要産業と輸出入の構造をまとめてみよう。
3. アフリカでマーケティング活動や生産活動に従事する日本企業の戦略を調べてみよう。

★読んでみよう

1. 北川勝彦・高橋基樹編著（2014）『現代アフリカ経済論』ミネルヴァ書房。

2．小池純司・平本晋太郎ほか（2015）『アフリカ進出戦略ハンドブック』東洋経済新報社。
3．「最後のフロンティアアフリカ」『一橋ビジネスレビュー』2015年夏号，東洋経済新報社。

【注】
(1) United Nations Development Plan (2015), *Human Development Report 2015*.
(2) 小池純司・平本晋太郎ほか（2015）『アフリカ進出戦略ハンドブック』東洋経済新報社，48-53頁。
(3) 第1章のコラム1-3を参照されたい。
(4) 天然資源に依存し，他の産業の育成が進まなかったり，天然資源開発のため国土が荒廃したり，あるいは天然資源の輸出によって得られた外貨が一部の指導者に集中することから，政治闘争，さらには内戦に発展したりして，経済発展が阻害される状況を指す。
(5) 前掲，小池・平本ほか（2015），20-24頁。
(6) 海外に定住するインド系移民のことで，世界全体で3000万人との推計もある。他方，華僑（現地国籍取得者である華人を含む）は5000万人規模ともいわれる（『日本経済新聞』2016年1月8日）。
(7) 豊田通商ウェブサイト「CFAOとの協業」（http://www.toyota-tsusho.com/csr/business/case04.html）およびCFAO社ウェブサイト（http://www.cfaogroup.com/）を参照した。
(8) 世界貿易機関（WTO）の「カントリープロファイル（2015年9月）」（http://stat.wto.org/CountryProfiles/MA_e.htm）より，2015年12月25日に採取した。

第Ⅲ部　国際経営のフロンティア

第13章
イスラームビジネス

Key Words

クルアーン（コーラン），食餌規定，イスラーム思想，ムスリム，シャリーア，イスラーム金融，ハラール

◆はじめに◆

　イスラーム[1]に対する誤解が蔓延している。出自の近いキリスト教がそうなのであるから，宗教としてはもちろんのこと，地理的，文化的に遠隔に位置し，歴史的にもそれほど接触のなかった日本には無縁に近い存在である。しかし，イスラームを宗教としてではなく，思想と社会のあり方として正しく理解すれば，それほどかけ離れた世界ではないことがわかる。イスラーム圏は，ハラール食品やイスラーム金融など，日本企業にとって次の有望な市場でもある。イスラームの本質を理解したうえで，アプローチすることが肝要である。製造業などの実体経済を重視する点において，ムスリムと日本人の価値観は共有部分が大きいし，親和的とさえいえる。

1 │ 政教分離，「経教」分離？

　イスラームは「原理主義」や「テロリズム」に代表されるように，過激で危険な宗教とみなされることが多い。ターリバーン，ボコ・ハラム，イスラミック・ステイト（IS）の常軌を逸した行動，2001年の米国同時多発テロに代表される無差別テロ事件など，枚挙に暇がない。世界史では，「片手にクルアーン（コーラン），片手に剣」といって，武力で版図を広げるイメージが強いかもしれない。また，1日5回の礼拝，年に一度の断食（ラマダーン），巡礼，アルコールや豚肉の食餌規定，女性の社会における行動規制，金利の否定など，現代社会および市場経済にはそぐわないとの受け止め方が一般的かもしれない。

　西側社会では，これまでの宗教戦争などの歴史を反省し，宗教と政治が癒着

することによる弊害についての合意が得られている。そして，経済活動に宗教が関わることもあり得ないというのが一般的な理解であろう。政教分離，「経教」分離は当然視されている。トルコは国民の大半がムスリムであるが，聖俗分離を国是としている[(2)]し，インドネシアでもイスラーム以外の信教の自由が保障されている。しかし，聖職者を最高指導者に仰ぐイラクや，マレーシアのようにイスラームを国教に指定している国も多い。われわれにとっては，この点が理解しにくいところなのかもしれない。

　しかし，実際は，イスラームの教えを守り，バランスを取りながら，中道を目指すというのがイスラーム思想の中核であり，本来的には他の宗教に比べても穏健といえる。歴史を振り返るならば，潜民思想のユダヤ教，十字軍の遠征や宗教戦争を繰り広げたキリスト教に比べて，イスラームははるかに平和志向の教えである。「片手にクルアーン，片手に剣」の標語から改宗を強制するイメージがあるが，実際は改宗するか，改宗しないのであれば人頭税（ジズヤ）を納めるかであった。ムスリムとしての義務を果たさなくともよいが，その分はカネで社会的貢献をせよと解釈することができる。そもそも，クルアーンには改宗を強制してはならないと明記されており，イスラームに関する誤解は多い。

　西欧が台頭する近世以前の世界では，イスラーム圏は世界の先進地域であった。技術先進国であったこと，軍事大国であったことはよく知られているが，自然科学，人文科学などの学問分野においても同様であった。そして，イスラーム法に基づく法治が徹底していたという点では，もう1つの先進地域であった中国とも異なる特長を持っていた。産業革命と帝国主義による西欧諸国の台頭によって，イスラームはあらゆる面で遅れた地域となり，西側世界とは相反する社会とみられるようになった。しかし，まずはイスラームの実体を踏まえ，確認することで，イスラームに対する偏見を除去したい。そして，21世紀に入り，成長が見込まれるイスラーム諸国でのビジネス活動の可能性について検討しよう。

> **Column 13-1　イスラーム禁忌(きんき)の合理的側面**
>
> 　ムスリムがアルコールや豚肉を摂取してはならないことはよく知られている。しかし，日本人をはじめとする非ムスリムにとっては，クルアーンに書いてあるからというだけで奇妙な習慣としか思えないのではないか。
> 　しかし，イスラーム発祥の中東の気候や風土を想起すれば，これらイスラームの禁忌の理由もその一端が見えるのではないか。石油よりも水が高価な，要はなかなか水を入手できないところで，アルコールだけを摂取すれば，少ない水分でアルコールを分解しなければならないから，肝臓への負担が過大になる。また，雑食の豚肉は，草食の牛肉や羊肉と違って，冷蔵設備のない高温地域では寄生虫に侵されやすく，腐敗しやすい。さらに，女性が肌を露出することが禁じられているのも，紫外線の強い地域であることを考え合わせると納得できる面がある。
>
> （出所）筆者記述。

2 ｜ イスラームとは何か？⁽³⁾

 イスラーム思想と経済活動

　まずは，イスラームの基本思想とビジネスに関してカギとなる概念を整理し，理解する。われわれは，宗教というと政治，経済，社会といった世俗を離れ，精神と思想を司るものと理解する傾向が強い。それゆえ，政教分離，経教分離をあるべき姿と考える。しかし，ムスリムにとっては信仰も世俗的な生活も一体である。イスラーム「教」というよりは，イスラーム的生き方やイスラーム的社会のあり方に価値を見出しているのであって，「宗教」という捉え方自体が誤解のもとといえる。特に経済活動はイスラーム思想の一部を構成しているとさえいえる。預言者のムハンマド自身が商家の出身であり，イスラームの教えは商人にいち早く受け入れられ，広まっていった。実際，クルアーンには善行を収入，悪行を負債と呼ぶなど（功過格(こうかかく)思想に通じる），経済活動に関連する用語がメタファーとしてふんだんに使用されている。経済活動を罪悪視する

他の宗教（かつてのキリスト教も同様）と異なり，現実的であり，かつ日常生活に根ざした宗教なのである。

イスラーム教徒の義務は「六信五行（ろくしんごぎょう）」に集約される。六信とは，唯一神（アッラー），天使，啓典，預言者，終末の審判と来世，天命を信ずることである。五行は実行すべき行動規範であり，信仰告白，日々の礼拝，ラマダーンの断食，喜捨（ザカート），それに巡礼である。これらが信仰行為（**図表13-1**は唯一神との関係）であるのに対して，人間相互の関係を律する社会的事柄に関わる行為規範は家族，商取引，食餌規定，司法や統治などに関する規定である。イスラームの世界観を実現するためのルールがシャリーア（イスラーム法）であり，その実践の場がウンマ（イスラーム共同体）である。イスラーム社会では政府の関与がなくてもシャリーアがウンマにおいて自律的に機能するため，

図表13-1◆イスラーム統治モデル

絶対神アッラーは，万物の創造主であり，唯一の立法者であるから，イスラーム法はアッラーから人間に下された命令と捉えることができる。また，アッラーの前では，統治者も被統治者も同じ被造物であり，平等となる。ただし，イスラーム社会では，イスラーム法に則り，イスラーム共同体が形成される。選任された統治者がイスラーム共同体の実現に責任を負う一方で，被統治者は忠誠を誓うことになる。

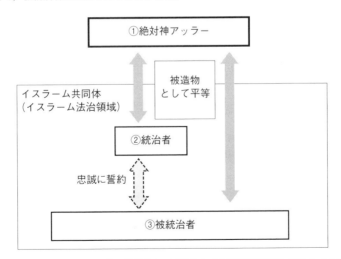

（出所）イスラムビジネス法研究会・西村あさひ法律事務所編著（2014）『イスラーム圏ビジネスの法と実務』一般財団法人経済産業調査会，166頁。

政治はシャリーアとウンマの下位に位置する。また，イスラーム経営の目的は企業の利益の極大化ではなく，企業活動を通じたウンマの利益極大化である。企業の社会的責任（CSR）といえば経営活動を社会的要請に合致させようとなるが，イスラームでは順序が逆で，社会的意味のある事業こそが企業活動となる。

　櫻井（2008）は経営関連のシャリーアとして5点挙げている[4]。1つは労働の直接性と実体性であり，責任とリスクを伴わない労働を認めないため，投資は良いが貸付は認められないことになる。2つ目は損益を公正に配分しなければならず，例えば出資者と事業者はともにリスクを等分に負担し，利益を折半しなければならないとする。3つ目はフロー経済を重視し，利益の独占，不正蓄財，退蔵を禁止するものである。4つ目は喜捨の義務であり，そこにはサダカと呼ばれる自由意思による喜捨も含まれる。5つ目はワクフ（寄進財）の効用であり，寄進された不動産はモスクやバザールとして，イスラーム教徒が共存する場となっている。このように，実体を伴った経済行為が奨励され，その最大の目的がウンマ全体の利益の実現にあることがイスラームの特徴といえる。

　クルアーンに「アッラーは商売をお許しになり，リバー（金利）を禁じた」とあり，金利を取っての貸付が禁止されていることはよく知られている。近年，イスラーム金融への関心が高まっているが，金利の扱いは市場経済に慣れ親しんだ金融機関にとってはわかりにくい。リバー禁止の根拠は，1つはリスク負担の公平性欠如，2つ目は不労所得が禁止されていること，3つ目は等価交換の原則に反することである。そして，もっとも重要な4つ目の理由は，用益を伴わない所有権が認められないことである。究極的な所有権はすべて唯一神に帰属し，人間の所有権は被造物をイスラーム法に適った形で用益することが前提であり，人間は用益権を保有するにすぎないと考える。とすれば，自ら用益しないことで得られる利益は，不労所得として禁止される。なお，所有権が唯一神に帰属するのであるから，喜捨は用益権が与えられる前提であり，用益するための条件とされる。遺産相続にしても，絶対的な処分権は3分の1に制限されるが，これもまったく同じ論理である。要は，一定程度認められる個人の利益を超える部分は，公益（マスハラ）としてと，公が優先される。ウンマが個人の利益の上位に位置することが当然視されているのである。

ハラール

　ハラールというのは，イスラーム法によって不法とみなされないこと（合法）である。逆に，イスラーム法によって，禁じられ，不法とみなされることをハラームと呼ぶ。ハラールは食餌規定に関わると思われがちだが，生活全般におけるイスラームの規範である。しかし，ここではビジネスとの関連から，主に食にかかわるハラールとそれを公式に認めてくれるハラール認証について，紹介しよう。

　イスラームの食餌規定によって，豚肉とアルコールが禁じられていることはよく知られている。しかし，豚肉とアルコールを摂取しなければよい，というほど単純ではない。豚肉や豚肉加工品以外でも，豚由来の原料で作られたゼラチンや添加物，調味料も禁止されている。また，豚肉以外であっても，イスラーム法に基づいて屠畜（ムスリムがクルアーンの一節を唱えながら処理）しなければならない。アルコールについても，例えば，日本食の場合，みそ，しょうゆ，みりんなどの調味料は，通常，製造過程でアルコールを少量ながら使用するため，ハラール認証は受けられない。アルコールを使用しない効率的な製造方法の開発が求められる。ところで，禁忌は食品添加物に留まらない。たとえ少量であっても，豚由来のラード（乳化剤），皮（ゼラチン），内臓（酵素），アルコールなどを使用する化粧品や石鹸，薬，皮製品，歯ブラシなどの日用品もハラームとして禁じられている。

　また，ハラール認証を受けるためには，原料から製造過程を経て，消費者の手に届くまでのすべてのサプライチェインにおいて，ハラールでないものの混入リスクを避けなければならない（**図表13-2**）。「農場からフォークまで」という言葉で端的に示されている。このように，商品加工工場やレストランがハラール認証を受けようと思えば，建屋自体を分けなければならないこともある。日本通運がマレーシアでハラール認証を受ける際には，物流においてもハラールでないものが混入しないような，分別管理を行うことで，ハラール認証を受けることができた。化粧品などについてもアルコールの使用を避け，ハラール認証を受けることでイスラーム市場での販売につなげようとする取り組みもある。このように，イスラーム市場でのビジネスにおいては，イスラーム法に

図表13-2◆ハラール・フードチェイン：農場からフォークまで

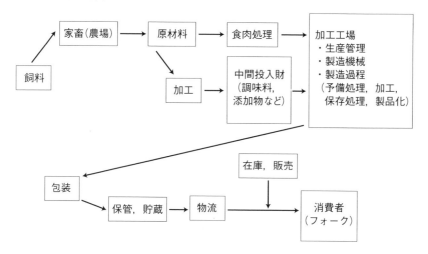

（出所）伊藤健（2013）「ハラール認証とは」(http://www.jasnet.or.jp/4-shuppanbutu/pickup/13.08.pdf，2015.11.1アクセス）を参考に，筆者が加筆修正。

則った対応が不可欠なのである。

　ハラール認証といえば，マレーシアのイスラーム開発庁（JAKIM）が知られているが，実際は国ごとに異なる認証機関がある。食品をイスラーム市場に輸出する場合，仕向地の認証機関に申請する方法と仕向地が公認した生産国の認証機関に申請する方法がある。マレーシアは，ハラール認証地としての強みを活かし，イスラーム市場向けの食品輸出拠点になろうとしており，外国企業の招致に力を入れている。日本の食品産業はこれまで国際化が遅れ気味であったが，国内市場の成長が見込めないなか，ようやく国際戦略を本格化させている。イスラーム圏はそうした日本企業にとって，無視しえない重要市場なのである。

> Column
> 13-2
> **IKEAマレーシアのハラール食品危機**
>
> アジア最大のIKEA店舗が2003年,マレーシアのセランゴール州にオープンした。1階には1,686席のレストランとカフェがあり,来店者に好評であった。しかし,2005年3月に突然,当局の査察を受けることになる。ハラール違反の嫌疑によって,ソーセージが押収され,食材サプライヤーの工場にも次々と捜査が入った。その結果,いくつかの工場のハラール認証が実は前年に失効していることが判明した。
> 　こうした事態に対して,IKEAの経営者の対応は早かった。第1に,当局からの命令を待たずにレストランの閉鎖を決めるとともに,直ちに事件の詳細と捜査への協力を表明するプレスリリースを発行した。第2に,当局の監視のもと,80人のムスリム社員によって,イスラームに則って店舗および調理器具すべてのクリーニングが実施された。違反が判明したサプライヤーとの契約を打ち切るとともに,他のサプライヤーとの間で新たに有効なハラール認証の取得確認を行うことにした。こうして,事件発覚11日後にはカフェが再開され,以前にも増して顧客を集めるようになった。
>
> (出所) Mutum, D.S. and E.M. Ghazali (2014), "Case Study 4: Ikea Malaysia and the halal food crisis," Mutum, D.S., et al. (eds.), *Marketing Cases from Emerging Markets*, Heidelberg: Springer, pp.31-33.

❸ イスラーム金融

　イスラームではリバー(利子)が禁じられていることは先に述べたとおりである。西洋型の伝統的な金融取引において,利子の授受は前提であり,預金,ローン,債券発行では利子が付される。一見,利子を禁止するイスラームと金融は矛盾すると思われるかもしれない。しかし,手数料,出資,あるいは商品売買などイスラーム法上認められる取引を組み合わせることによって,伝統的な金融と同様の金融取引が可能になる。

　例えば,銀行預金については,預金者が預けた(出資した)資金を使って,銀行が事業に投資すると考えればよい。投資によって得られた利益を銀行と預金者が応分に受け取ることで,安定配当の投資信託のように,預金者に実質的に金利を支払うことができる(**図表13-3**)。家や車のローンについては,銀行がいったん商品を購入し,それを転売することで,買い主は手数料を上乗せし,

第Ⅲ部　国際経営のフロンティア

図表13-3◆銀行預金の例

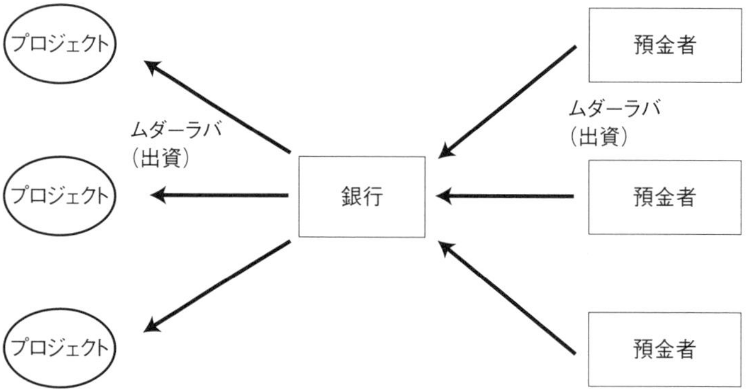

[図：預金者3者が銀行にムダーラバ（出資）契約を結び、銀行が3つのプロジェクトにムダーラバ（出資）を行う図]

イスラーム金融による銀行預金の考え方
1．預金者は銀行とムダーラバ（出資）契約を締結し，出資する。
2．銀行は預金を複数のプロジェクトに出資する。
3．ムダーラバ契約では，利益が出れば応分の分配，損失も応分に負担する。
4．銀行は複数のプロジェクトに出資するので，平均すれば一定の利益を得る。
5．銀行は手数料を受け取る一方で，収益を留保しつつ，預金者への分配を平準化する。

（出所）イスラームビジネス法研究会・西村あさひ法律事務所編著（2014）『イスラーム圏ビジネスの法と実務』一般財団法人経済産業調査会，240頁。

分割払いで代金を返済することができる。
　イスラーム債券（クスース）の発行やイスラーム金融によるデリバティブ商品，生命保険，損害保険などもあり，さまざまなスキームを組み合わせ，実態として標準的な金融商品が提供されている。
　イスラームは，われわれには何事も厳格な「宗教」というイメージがあるが，実際は白か黒かという択一的なものではなく，イスラームの教えを守り，かつ現実の要請に応えることができるような，より良い解を求めるところに特徴がある。現実的であり，柔軟性の高い思想なのである。なお，新たなイスラーム金融商品は，イスラーム法学者による承認の手続きを経なければならない。ただし，イスラーム金融の準拠法は直接的にはイスラーム法ではなく，マレーシア法やサウジアラビア法など世俗法であり，仕組みがイスラームの教えに従っている。このように考えれば，イスラーム金融商品は特殊な商品ではなく，通常の金融商品の一部とみなすことさえできるのである。

3 可能性と課題

　現在，われわれが享受（きょうじゅ）している豊かさの出発点は，19世紀後半，欧州そして米国で起きた第二次産業革命に求めることができる。資本面で見るならば，ファミリービジネスが家族内に資本を留め，分散させることなく，事業規模を拡大させることができたからである。株式会社制度と株式市場の発達により，広く薄く多額の資本を集めたことが，巨大企業の誕生につながり，その基礎はファミリービジネスの資本蓄積であった。その結果，組織面では，それまでとは1桁も2桁も多い従業員を1つの職場で効率的に働かせる仕組み作りに迫られ，経営学が誕生した。

　しかしながら，イスラームの教えによれば，故人がなした遺産は社会に還元しなければならないし，家族内でも広く分配しなければならない。一夫多妻制が認められ，資産家は一般に大家族であり，なおのこと資本が分散しやすい。また，産業資本主義の段階に至らず，商業資本主義に留まったことから，株式市場による資本集約の必要もなかった。さらに，ムスリムにとっての契約はあくまでも，個人とアッラーとの間で結ばれるのである。個人と個人，あるいは組織と個人が契約によって形成する組織は，ムスリムにとっては人為的であり，副次的な仕組みにすぎない。中世から近世にかけて，世界の最先端を走っていたイスラーム社会が経済発展から取り残された要因はほかにもあるが，イスラームの本質に鑑み，資本の集積が困難で，多くの人びとを組織化することが難しい点を指摘できる。

　とはいえ，21世紀に入り，イスラーム経済への注目は高まっている。油価の高騰（こうとう）のみならず，世界的な市場経済化の流れのなかでイスラーム諸国もゆっくりとした歩みではあるが，経済成長を目指すようになった。また，世界の人口の4分の1を占めるイスラームの比率が今後も伸長することは確実である（**図表13-4**）。イスラーム圏が主要な新興国になったり，先進国の仲間入りを果たしたりするには，まだしばらく時間がかかるものと思われる。しかし，イスラーム圏は市場として魅力的であるし，ビジネスを拡充するためには生産進出を検討することも必要かもしれない。

図表13-4◆ムスリム人口・人口比（2010年末）

順位	国名	人口（百万人）	人口比(%)
1	インドネシア	204.8	88.1
2	パキスタン	178.1	96.4
3	インド	177.3	14.6
4	バングラデシュ	148.6	90.4
5	エジプト	80.0	94.7
6	ナイジェリア	75.7	47.9
7	イラン	74.8	99.7
8	トルコ	74.7	98.6
9	アルジェリア	34.8	98.2
10	モロッコ	32.4	99.9
11	イラク	31.1	98.9
12	スーダン	30.9	71.4
13	アフガニスタン	29.0	99.8
14	エチオピア	28.7	33.8
15	ウズベキスタン	26.8	96.5
16	サウジアラビア	25.5	97.1

（出所）イスラムビジネス法研究会・西村あさひ法律事務所編著（2014）『イスラーム圏ビジネスの法と実務』一般財団法人経済産業調査会，51-53頁。

　最後に，イスラーム圏と日本との親和性について述べておきたい。よく知られるように，日本は米国の同盟国ではあるが，中東地域においては中立的な立場を維持してきた。石油の確保を至上命題とする日本にとっては当然のように思われるかもしれないが，イスラエルを支援する米国との関係を維持しつつ，アラブ諸国との友好関係を発展させてきた先人たちの努力には敬意を表さなければならない。また，製造業に強みを持ち，実体経済を重視する日本人の価値観，行動様式，それに文化は，これまで議論してきたイスラームの思想と親和的である。イスラームの人びとが日本と日本人に対して，敬意と友好的な感覚を持つとされるのはそうした背景によるものなのである。

★考えてみよう

1. イスラーム文化と慣習にはどのようなものがあるか，調べてみよう。
2. 任意のイスラーム金融商品の仕組みを図式化し，理解してみよう。
3. イスラーム圏で工場を運営するときに必要な事柄は何か，検討してみよう。

★読んでみよう

1. 加藤博（2010）『イスラム経済論』書籍工房早山。
2. イスラムビジネス法研究会・西村あさひ法律事務所編著（2014）『イスラーム圏ビジネスの法と実務』一般財団法人経済産業調査会。
3. 桜井啓子編（2015）『イスラーム圏で働く―暮らしとビジネスのヒント』岩波書店。
4. 櫻井秀子（2008）『イスラーム金融―贈与と交換，その共存のシステムを解く』新評論。

【注】

(1) イスラームは7世紀にムハンマドによって創設された唯一神（アッラー）への帰依を説く一神教の宗教であり，イスラーム教徒をムスリムという。
(2) トルコ・エルドアン大統領の公正発展党は中道右派に分類され，市場経済推進とEU加盟を目指している。同時に，同党はイスラーム色が強く，憲法による聖俗分離の原則が変容するのではないかとの懸念が表明されている。内藤正典編著（2008）『激動のトルコ』明石書店などを参照されたい。
(3) 「読んでみよう」で挙げた，加藤（2010），イスラムビジネス法研究会・西村あさひ法律事務所編著（2014），桜井編（2015），櫻井（2008）などを参照した。
(4) 櫻井秀子（2008）『イスラーム金融―贈与と交換，その共存のシステムを解く』新評論。

第Ⅲ部　国際経営のフロンティア

第14章
BOPビジネス

> **Key Words**
>
> BOPペナルティ，ロング・テイル，BOP神話，ソーシャル・ビジネス，配当，STP

◆はじめに◆

BOP（Base of the Pyramid）市場は，かつて世界の人口の7割を占めるといわれたが，ビジネス環境が未整備で，購買力も低いため，多国籍企業が標的とすべき対象とはみなされなかった。しかし，ICT（情報通信技術）の進歩に伴う取引コストの低減に加えて，BOPの生活様式と行動特性を冷静に評価することで，BOP市場で新たなビジネスを創造できる可能性が生じ，成功例も報告されている。市場が機能すれば，BOPペナルティと呼ばれるハンディキャップも解消に向かう。これはBOP層への援助ではなく，BOP市場で通常のビジネスを行いながら，BOP層に選択の余地を提供し，尊厳を回復させる仕組みなのである。BOPビジネスを成功に導くうえでのヒントは，ビジネスの基本を維持しつつも，先進国ビジネスの常識を全面的に見直すことであり，国際機関や現地政府など，他の多くの主体と連携して取り組むことである。

1 BOP市場は国際ビジネスの対象外！

まずは，BOPとは何かから始めよう。BOPはBase of the Pyramidの省略形で，もともと提唱者のC.K.プラハラードらはBottom of the Pyramidといっていた。所得水準に従って世界人口を図示すると，ピラミッドのような三角形になり，その底辺に位置する膨大な数の人たちの層あるいは市場を指した造語であった（**図表14-1**）。その後，差別的な「底辺」という表現を基礎部分（Base）に置き換えた。

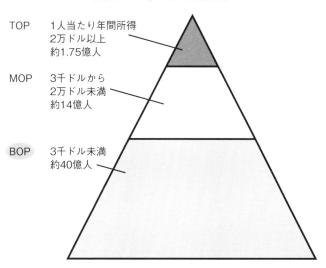

図表14-1◆BOPの概念図

(注) 1人当たり年間所得は2005年の購買力平価換算。世界人口は当時の56億人弱。
(出所) International Finance Corporation（2007）, *The Next 4 Billion*.

　国際金融公社（IFC）は，2005年時点の世界人口56億人弱を，1人当たりの年間所得（購買力平価換算）で3層化し[1]，2万米ドル以上をピラミッドのトップ（TOP：Top of the Pyramid, 約1.75億人），3千米ドルから2万米ドルをミドル（MOP：Middle of the Pyramid, 約14億人），3千米ドル未満をBOP（約40億人）に分類した。それまで，BOP層は援助の対象であっても，市場とみなされることは少なかった。しかし，14億人のMOPの年間消費支出が約12.5兆米ドルであるのに対し，BOPも約5兆米ドルと全体で見れば日本市場並みであり，決して小さくない（ロング・テイル：**図表14-2**）。

　C.K.プラハラードらが，BOPビジネスを書籍の形で世に問うたのが，2005年に出版された*The Fortune at the Bottom of the Pyramid*[2]（邦訳書『ネクストマーケット』）である。書名を直訳すれば，「ピラミッドの底辺に富（成功の礎）がある」となろうか。そして，副題は，「利益を創出しながら貧困を根絶する」と「市場機能を活用し，（BOP層に）尊厳と選択をもたらす」である。BOPの問題解決のためには援助だけではなく，市場が機能し，ビジネスが活発になれば，多くのことが実現し，良い方向に進むと訴えたのである。

図表14-2 ◆ロング・テイルの概念図

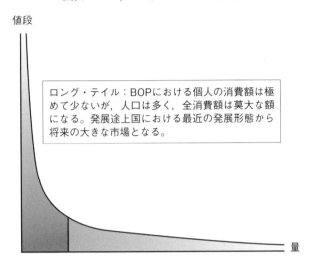

ロング・テイル：BOPにおける個人の消費額は極めて少ないが、人口は多く、全消費額は莫大な額になる。発展途上国における最近の発展形態から将来の大きな市場となる。

（出所）岡田仁孝（2012）「BOPビジネスの可能性」、多国籍企業学会著『多国籍企業と新興国市場』文眞堂。

しかし、20世紀を通じて、BOPは多国籍企業が本格的に取り組むべき市場ではなかったし、国際ビジネスの対象とはみなされなかった。購買力が低いため、先進国企業が提供する高付加価値の製品やサービスを購入する余裕はなかったし、消費者が先端技術などの付加価値を理解できるとは考えられなかった。ビジネス機会が乏しいのであるから、ビジネスの対象外とされるのは当然であった。また、市場情報が乏しく、ビジネス制度も未整備なため、不確実性が極めて高いのも発展途上国の共通点であった。取引コストが極端に高く、ビジネス活動禁止的レベルだったのである。このため、多国籍企業は発展途上国でビジネスを行う場合も、MOP以上の人口でいえば極めて限られた市場を対象とし、BOPはビジネスとは無縁の世界であった。

常識と異なるBOPの特徴を説明しよう。BOPペナルティ（**図表14-3**）と呼ばれる現象で、BOP層は同一の製品やサービスを手に入れるのに、MOP層やTOP層よりも多くの支出が必要な場合がある。例えば、借金をする場合、返済率の高いMOP層やTOP層の金利に比べ、BOP層は信用が乏しく、返済率が低く、不確実性が高いとみなされ、金利は桁違いの高さとなる。また、水道や

第14章 BOPビジネス

図表14-3◆BOPペナルティ（貧しさゆえの不利益）

項目	貧民街	富裕層	割増コスト
金利（年間）	600-1,000%	12-18%	53.0
水道（M3）	$1.12	$0.03	37.0
携帯電話（分）	$0.04-0.05	$0.025	1.8
下痢止め薬	$20	$2	10.0
コメ（Kg）	$0.28	$0.24	1.2

（出所）Praharad, C.K. (2005), *The Fortune at the Bottom of the Pyramid*, Upper Saddle River, NJ: Wharton School Publishing, p.11.

電話なども，保証金の支払いが困難なため，安価なサービスを享受できない。食品や医薬品なども，まとめ買いができなかったり，交通手段の制約から遠方のマーケットへのアクセスが困難であったりするため，結果的に多額の負担を強いられることになる。貧しさゆえの不利益であり，高コストの負担に甘んじなければならないのである。このことは，BOP層の購買力をさらに引き下げてしまう一方で，BOPペナルティを克服する仕組みを作ることができれば，ビジネスチャンスにつながるのである。

2 BOPビジネスとは何か？

BOP神話

　BOP市場は国際ビジネスの対象外という前節の議論は，少なくとも20世紀の世界においては正しかった。しかし，世紀の変わり目以降，世界は大きく変わった。過去の延長線上ではない，不連続の変化といってもよい。
　かつて，BOP市場で販売可能な商品は安価であり，多国籍企業が得意とする高付加価値商品の市場は存在せず，多国籍企業が対象とすべき市場とはみなされなかった。しかし，BOP市場で受入可能な商品を開発できれば，人口が多く，全体の市場規模も大きいため，収益を確保することも可能となる。また，BOP市場では，商品の付加価値を認識できる消費者が乏しく，また技術リテラシーも低いため，ICT分野の先端製品を使いこなすことができないと思われ

165

てきた。しかし，BOP層の中には，世界の動向に敏感で，最新技術にも長けた消費者が多数存在することがわかってきた。購買力の低さについても，公式統計とは別に，出稼ぎ家族からの送金や非公式経済に従事することで得られる副次所得によって，実際の購買力は相当程度の上乗せが可能である。少なくとも，BOP市場は国際ビジネスの対象外であると無関心ではいられなくなってきた。

　新興市場は，ビジネス制度が未整備で取引コストが高いことは事実である。人治政治，未成熟な法律と規則，その運用という縦方向の社会構造および企業同士と個人同士の契約（約束）など横方向の社会構造における不確実性が高いことも確かである。市場情報，会社情報についても信頼性に乏しい。流通チャネル，物流網の未整備も頭の痛いところである。先に挙げたBOPペナルティもこうしたビジネス制度の欠如や未成熟の所産といえる。しかしながら，グローバル化に伴う時間当たり距離の縮小とICTの発達により，工夫次第では取引コストを低減できる道が開けてきた。実際，成功しているBOPビジネスは，自社事業に関連するビジネス制度の不備を克服する努力が実を結んでいる。平等な機会から新たなビジネスは生まれにくいが，高い壁を他と異なる方法で低くすることで，魅力的なビジネスを生み出すことができる。

　近年，BOPビジネスが注目される理由の1つは，援助によって発展途上国の貧困問題が解決しないことが明らかになったからである。これまで，国際機関や先進国から発展途上国に対して，さまざまな援助が提供されてきたが，数十年に亘るそうした努力の成果は，はかばかしいものではなかった。現場の努力は称賛されるべきであるが，援助の受け手である現地の政治家，役人がどの程度真摯に取り組んできたであろうか。そもそも，援助による事業規模は限定的であるし，波及効果も低い。他方，豊富な経営資源を有する多国籍企業がもてる能力をフル活用し，自社の業容拡大と利益実現のためにビジネス活動を立ち上げることができれば，規模といい，波及効果といい影響は甚大である。自社の事業の対象として，あるいは目的として，発展途上国の貧困，医療，栄養，教育などの課題に取り組むことができるかもしれない。

　これまで，BOPで市場が機能する余地は限られていた。市場の導入とは，売り手が優れたモノ（財とサービス）を安価に供給するために競争し，買い手

にどれを選ぶかの選択権が与えられる状況を指す。市場機能が不在であれば，劣悪なモノが必要以上に高価で提供され，それが必需品であれば買い手に選択の余地がなくなってしまう。企業の目的が利益追求であっても，BOP市場がビジネスの対象となれば，優良なモノが提供されるようになり，BOP層の福利厚生が実現し，取引コストの低減による価格下落も期待される。BOPの消費者に選択権が与えられれば，こうした実利はもちろんのこと，少し大げさにいえば人間としての尊厳回復にもつながるのである。

　ビジネスを成功させる第一歩は需要を正しく見極めることである。先進国において，顕在需要をめぐる競争は激しく，多くの利益は望めないため，潜在需要の発掘こそが重要となる。しかし，BOP市場では，上記のようなさまざまな社会的課題が存在することも，モノに対する需要があることも明らかである。問題はビジネス制度に伴う取引コストの低減であり，それを独自のやり方でクリアできれば，有望な事業になることは確実とさえいえるのである。

 ソーシャル・ビジネスと同じ？

　ビジネスによる社会貢献というと，会社の社会的責任（CSR：Corporate Social Responsibility）に伴う諸活動を思い出すかもしれない。社会的課題に会社として取り組んだり，社員のボランティア活動参加を奨励したり，あるいは文化やスポーツなどの振興に努めたりする活動である。事業と直接関係しない分野であっても，良き企業市民（good corporate citizen）として社会問題に取り組もうというのである。ただし，CSRは収益に直接寄与しないし，むしろ事業活動によって得られた収益を原資として行う活動である。BOPビジネスは収益を目的とする事業であるから，両者は根本的に異なる。

　ソーシャル・ビジネスとの違いは少しわかりにくい。ソーシャル・ビジネスは社会的ニーズがあるにもかかわらず，供給が限られているサービスをビジネスとして提供するものである。収益を前提とするのであるから，社会的課題の解決を利益の追求に結びつけるという意味で，発展途上国のBOPビジネスと類似している。しかし，利益はあくまで事業を継続させるための原資として再投資されるのであり，したがって出資者への配当を前提としていない。他方，BOPビジネスは通常のビジネスであるから，利益の一部を出資者に配当する

ことは当然と考える。配当の有無が両者の違いといえるかもしれない。ソーシャル・ビジネスは社会的課題に正面から向き合う点が特徴であるが、配当を前提にしなければ、多額の出資を募り、事業規模を拡大することはそれほど容易ではない。

　新興市場の成長は、今世紀に入り、特に顕著(けんちょ)である。国際ビジネスの新たな段階が先進国ビジネスと新興市場ビジネスをいかにバランスさせるかにあることは既に議論したとおりである（第8章）。また、世界の貧困人口が大幅に減少していることもみてきたとおりである。すなわち、世界の人口ピラミッドは下位から中位へのシフトが徐々に進んでおり、BOPの一部はMOPに移行しているのである。今後、MOP市場の拡大によって、三角形のピラミッドがひし形になったり、将来的にはBOPが消滅し、TOPとMOPで構成される五角形の

Column 14-1　　　**コーラ価格のブレイクダウン**
（先進国vs.途上国の思考実験）

　先進国と同一製品が発展途上国で安価に販売されていることがある。それがどのようにして実現可能なのか、詳しく知ることは難しい。ただ、現地で発生するコスト（マージンを含む）は、概ね売値および物価水準で決まる。例えば、コーラの場合、米国から購入する原液が同一価格であって、下記のとおりであれば、一定の利益を確保することができる。ここでは、小売価格を途上国は2分の1、原液は同一コスト、その他のコストは売値に対して同一パーセンテージとした。もちろん正確ではないが、市場によって同一製品が異なる価格で販売されていることの背景を想像することができるかもしれない。

項目	根拠	先進国	途上国
小売価格		100円	50円
小売マージン	20% on 小売価格	20円	10円
物流費	10% on 小売価格	10円	5円
卸売マージン	20% on 小売価格	20円	10円
生産（瓶詰）コスト	30% on 小売価格	30円	15円
原液仕入れコスト	同額	3円	3円
利益		17円	7円
売上利益率		17%	14%

（出所）筆者記述。

家形の世界になったりするかもしれない。BOP市場に参入できれば，将来の膨大なMOP市場においても先行者利益を確保できるかもしれない。BOPビジネスはBOPに留まらない可能性を秘めているのである。

3 事例とヒント

　ヒンドゥスタン・ユニリーバ（インド）のシャンプーとヤクルトの乳酸菌飲料は，新たな包装方法（少量販売）を開発し，販路（BOP層によるBOP市場での販売）を開拓することで，BOP市場への浸透に成功した。BOP層はまとめ買いする資力はないが，小袋や単品販売によって，1回ごとの購入が可能となった。また，消費者に商品説明をしつつ販売できるよう，コミュニティごとに現地販売員を採用し，人脈を活用しつつ販売できるようにし（**図表14-4**は他の事例），雇用創出にもつながった。ダノンはバングラデシュにおいて，地産地消のビジネスモデルを構築した。通常，乳製品は大量生産大量販売によって，コストを下げ，需要を創出し，更なるコストダウンによって，事業を拡大する。しかし，BOP市場ではその前提が成り立たない。そのため，現地パートナーと協力して，原料の生乳を地域の生産者から少量ずつ，安定的に供給される仕組みを作った。販売面でも，スーパーでの大量販売は不可能なため，現地販売員による地域ごとの販売体制を作った。また，バングラデシュのグラミン銀行やインドのICICI銀行のようなマイクロファイナンスは，返済率を引き上げるための仕組みを作り，BOP層への少額貸出において，金利を引き下げてもビジネスとして成立するモデルを構築した。これらは代表的な事例である

図表14-4◆BOP層活用の事例

企業名	国	製品・商品	事例
住友化学	タンザニア	蚊帳	マラリア蚊を媒介する蚊を防ぐ蚊帳の生産，販売のため最大7,000人を雇用。
日本ポリグル	バングラデシュなど	浄水剤	専門販売員として養成し，使用法を説明しながら販売。10g，20gの小分け販売。
バングラデシュ・ケア（NGO）	バングラデシュなど	日用雑貨品・靴	農村の女性を訪問販売員として起業させ，農村での販売に従事させる。

（出所）日本貿易振興機構（2014）『ジェトロ世界貿易投資報告2014年版』，74頁。

が，BOP市場の需要に応え，ビジネスとして成り立たせるための仕組みができれば，企業とBOP層双方にとって，ウィンウィンの関係を築くことができることを示している。

　最後に，BOPビジネスのためのヒントを3点ほど挙げてみよう。1つは，BOPビジネスはマーケティングの基本に立ち返れば，何も目新しいことはないということである。マーケティングとは，製品（product），価格（price），チャネル（placeまたはchannel），販促（promotion）の4つのPを最適化し，商品を顧客に届けるための施策である。対象市場と時期によって，優先度は異なるが，4Pをいかに組み合わせるかが問われる。また，市場を細分化し（segmentation），どのセグメントを標的とし（targeting），自社製品をどのように位置付けるかという（positioning），STPもマーケティングの基本である。BOPビジネスも，要はSTPであり，4Pの最適な組み合わせという意味では共通といえる。唯一異なる点は，BOPがこれまで国際ビジネスの対象とはみなされず，捨象されてきたセグメントであったというだけである。基本に立ち返ることが重要である。

　2つ目は，先進国ビジネスや途上国のTOPビジネスの常識を一度すべて棄却し，全面的に見直すことである。政府と政策の質と効率性は，汚職等によって先進国の常識が通用しない。市場情報，ビジネス制度，流通・物流インフラは未整備であり，既存のビジネスインフラをそのまま利用することはできない。BOP市場でビジネス活動を行おうとすれば，ハード・ソフト両面の重要なビジネスインフラを自ら作る覚悟が必要であり，それがBOPビジネスの要諦である。

　3つ目は，BOP市場におけるビジネスインフラの整備は極めて難しく，単独で解決可能な範囲は限られている。そこで，国際機関，国際社会，現地政府，各種機関，サプライヤー，顧客など，ありとあらゆる主体のなかで，協力可能な相手を特定し，協働を促すことである。資金が不足するようであれば，資金援助や顧客の信用獲得のために，自ら動かなければならない。このようにビジネスの仕組みを一から作り上げる覚悟が必要である。

Column 14-2　BOPビジネスを成功に導く！

　これまでの数十年の経験から，開発協力や博愛主義によって，世界の貧困問題が解決不能なことは明らかであろう。プラハラードらは，BOPの低所得者層に市場機能を浸透させ，消費者が経済活動に参加できるように工夫することが重要であると訴えた。そうすれば，企業は利益をあげつつ，貧困層の自立も可能になるというのがBOPビジネスの基本コンセプトであった。しかし，成功例が報告される一方で，黒字化に失敗し，撤退を余儀なくされる例も多い。

　BOPビジネスによる利益創出の障壁の1つは，消費者の行動パターンを変えなければならないことである。例えば，殺虫剤処理した蚊帳（かや）のなかで睡眠すれば，マラリアを防ぐことができるが，マラリアの感染経路に関する誤解を解いたり，蚊帳を毎日取り外すよう説得したりするのはそれほど容易ではない。実際，空調設備のないアフリカでは蚊帳のなかは暑く，積極的に蚊帳を使用する動機が乏しかった。もう1つの障壁は企業サイドにある。先進国での企業活動をいったん忘れ，生産方法とマーケティング手法（製品を消費者に届ける）を新たに考案しなければならないが，これがなかなか簡単には進まない。

　BOPの消費者の行動パターンを変えるには，製品やサービスを消費者ニーズに応えるよう調整したり，改良したり，新製品を開発したりといった対策が必要である。しかも，そうした製品を一定量販売できなければ，開発コストを回収できない。市場と消費者に自社製品とサービスを届けなければならないが，TOP，MOP市場と異なり，地理的にも，制度的にも，そして文化的にも遠く，個別に遠隔地に到達（リーチ）する方策も考えなければならない。仲介者となる人材の育成，既存インフラの活用，新規チャネルの開拓と新市場の創出などの対策が求められる。これも一定量以上の販売が実現できなければ，コストを回収することは困難である。

　BOPビジネスを成功に導く秘訣は，売上を確保し，販売管理費などのコストを抑えるというごく当たり前の処方箋となる。そのための考え得る対応策は，1つには製品の機能を十二分に活用できるよう，消費者への知識とスキルの提供に力を入れ，ロイヤリティを引き上げることである。その結果，売上増も期待できる。2つ目は顧客によるピアグループの形成と育成を支援することで，販売増と販売管理費の節約を目指すことである。3つ目は単独の製品やサービスの販売ではなく，まとめ買いを可能にする仕組み作りや，複数の異なる商品を一度に購入できるような工夫をこらすことである。また，これらの対策を単独に実施するのではなく，複数の施策を組み合わせることができれば，効果はさらに高まる。

(出所) Simanis, E. (2012), "Reality check at the bottom of the pyramid," *Harvard Business Review*, June (「BOP市場の新たなビジネスモデル」『Diamond Harvard Business Review』, 2014年2月), Simanis, E. and D. Duke (2014), "Profits at the bottom of the pyramid, *Harvard Business Review*, October (「社会貢献を超えてBOP市場を制するビジネス機会マップ」, 『Diamond Harvard Business Review』, 2015年6月) などを参考に筆者記述。

★考えてみよう

1. BOPペナルティとは何か，具体例を挙げて，対策を考えてみよう。
2. BOPビジネスの事例を整理し，成功要因は何か，検討してみよう。
3. BOPビジネスは，BOP層を対象とするビジネスで手に入れた利益の株主への配当を当然視するが，そのことの是非について議論してみよう。

★読んでみよう

1. 大木博巳編著（2011）『欧米企業のBOPビジネスモデル』ジェトロ（日本貿易振興機構）。
2. Prahalad, C.K. (2005), *The Fortune at the Bottom of the Pyramid*, Upper Saddle River, NJ: Wharton School Publishing. (スカイライトコンサルティング訳『ネクストマーケット』英治出版, 2005年。)
3. London, T. and S. L. Hart (2011), *Next Generation Business Strategies for the Base of the Pyramid*, Pearson Education (清川幸美訳『BOPビジネス市場共創の戦略』英治出版, 2011年).

【注】

(1) International Finance Corporation (2007), *The Next 4 Billion*.
(2) Prahalad, C.K. (2005), *The Fortune at the Bottom of the Pyramid*, Upper Saddle River, NJ: Wharton School Publishing. (スカイライトコンサルティング訳『ネクストマーケット』英治出版, 2005年。)

第15章
下向き(フルーガル)・逆向き(リバース)イノベーション

> **Key Words**
> 新結合，用途変更・限定，ジュガード・イノベーション，簡素化，コンセプト，オープンモジュール

◆はじめに◆

　イノベーションは最先端の技術開発としてだけではなく，製品の使用者や用途などの新規性を含む，マーケティング的概念として広く捉える必要がある。これまで，イノベーションは先進国で生み出され，コモディティ化に従って，発展途上国に移転されるものと考えられてきた。しかし，新興市場の規模拡大に伴って，新興市場で必要とされる機能のみに限定し，簡素化した製品を新たに開発し，ヒット商品が生まれるようになった。そして，それらの製品が先進国に逆移転されることで，先進国市場に新たな市場が生まれる場合があることもわかってきた。イノベーションの創出においても，先進国市場と新興市場の両者を適切にバランスさせることが長期的な競争優位に結実する。

1　イノベーションって何？

　イノベーションは技術革新と訳されることが多い。「技術」を冠していることから，新技術を搭載した新製品を想起するならば，大きな誤解を生む可能性がある。J.シュンペーターがいうように，新製品のみならず，新たな生産方法，市場，原材料も，そして新たな組織もイノベーションである。異なる生産要素を結びつける「新結合」によってイノベーションが生まれる場合が多く，「新たな」との語感によって，真空状態からの創造をイメージしない方がよい。他に模範があり，独自の修正を施したり，分野や適用対象を変えたりすることでイノベーションが実現することも多い。また，工業製品に限らず，サービス製品におけるイノベーションも重要である。サービス製品のイノベーションでは，

とりわけ既存要素の組み合わせの妙が新たな価値を生み出す。発明とイノベーションは明確に区別されなければならない。イノベーションに関する誤解は，価値の正しい認識を困難にし，イノベーションの実現を妨げてしまう。このように考えれば，イノベーションは技術系人材の専売特許ではなく，文系人材あるいは芸術系人材によっても生み出されるものということがわかる。

Column 15-1　　　　　　　　**企業家と市場**

　J.A. シュンペーターはイノベーションを生み出す企業家機能を，市場均衡(きんこう)を破壊し，超越するものと捉えた。他方，A. マーシャルは企業家の役割を市場機能に内在し，根強く存在する不均衡を時間の経過のなかで均衡に導くものと考えた。イノベーションあるいは企業家といえば，必ずシュンペーターの名前が挙げられる。しかし，経済学あるいは理論的整合性という観点から見れば，マーシャルと彼の見解に連なる経済学者（I.M. カーズナー，F.H. ナイト，E.T. ペンローズ）の主張にこそ目を向ける必要があるし，より重要なインプリケーションが含まれているのかもしれない。

（出所）池本正純（2004）『企業家とはなにか』八千代出版。

　しかしながら，これまでの常識は，イノベーションの方向は「上へ」向かい，先進国で生み出されるものであった。先端技術を搭載した製品，多機能で広範囲に適用可能な製品，より便利で使いやすい製品を開発し，生産するのがイノベーションであった。そして，そうした高付加価値の製品を購入できる客層はほぼ先進国に限られていた。R.バーノンが唱えたプロダクト・サイクル理論[1]は，新製品が開発され，試作後，上市されるのは専ら米国であるとしたが，それは，先端技術と高い購買力が先進国市場に集中するからであった。

　したがって，既存（古い）技術による「新製品」あるいは限られた機能で使用範囲を限定した「新製品」をイノベーションと呼ぶことはできず，両者は相矛盾していた。同様に，先進国ではなく，発展途上国で新たに上市される製品がイノベーティブというのも首尾一貫しない表現であった。繰り返しになるが，イノベーションというのは先進国で生まれる，上方向への新たな製品開発であった。

第15章　下向き（フルーガル）・逆向き（リバース）イノベーション

2 「下向き」と「逆向き」？

下向きイノベーション

　21世紀に入り，新興市場の成長が続いている。先進国市場の成長に影が差し，2008年のリーマンショックによって，世界の経済秩序が大きく揺らいだ。他方，新興市場の重要性が増し，MOP（Middle of the Pyramid）市場が拡大するとともに，BOP（Base of the Pyramid）の上位層も国際ビジネスの対象になりつつある。このように一定以上の規模になった新興市場への参入を本格化しよ

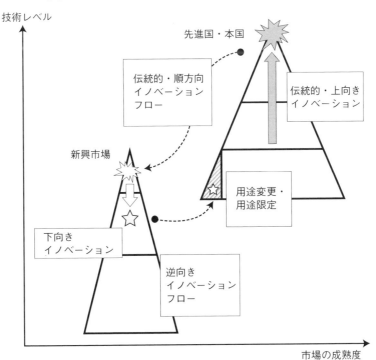

図表15-1 ◆下向き・逆向きイノベーションのイメージ

（出所）筆者作成。

うとすれば，市場の求める製品の開発が必要になる。かつてのように，発展途上国のごく一部のTOP（Top of the Pyramid）を狙った先進国製品の販売や先進国市場で衰退期に入った製品をMOP市場に投入するのでは，消費者の支持を得られない。市場が求める製品の開発，上市が欠かせないものとなった。

しかし，当然のことながら，先進国と同レベルの製品ラインというわけにはいかない。購買力の制約と使用条件の違いから，必要な機能に絞った，安価な製品こそが求められる。N.ラジュらが提唱するジュガード・イノベーションは，そうしたイノベーションのあり方を教えてくれる[2]。ジュガードは，ヒンドゥ語で「革新的な対応（innovative fix）」，すなわち工夫によって何とか間に合わせるという意味である。それを可能にするのが，①逆境に機会を探索，②最少のインプットで最大のアウトプット，③柔軟な思考と行動，④単純化，簡素化，⑤辺境を取り込む，⑥理念と本能，である。さまざまな制約のなかで，想定される顧客が求める製品を開発するという一点に集中するのであり，ある意味，企業活動の基本ともいえる。

これまでのイノベーションは，目的を果たすために効率性を犠牲にすることも一定程度やむを得ないと考えられてきた。上向きのイノベーション，他を圧倒する最先端の新技術，新製品であれば，長期的には追加的コストの回収もそ

Column 15-2　ローカル・グロース・チーム（LGT）の活用

　GE（ジェネラル・エレクトリック）はリバース・イノベーションを実現するために，既存組織ではなく，独立したLGTを結成した。LGTの5つの原則は以下のとおりである。
1．権限の委譲
2．ゼロベースで新製品を開発
3．LGTをゼロベースで立ち上げ
4．独自の目的，評価基準
5．LGTはトップ直轄

（出所）Immelt, J. R., V. Govindarajan & C. Trimble（2009）, "How GE Disrupting Itself," *Harvard Business Review*, October.（関美和訳「GEリバース・イノベーション戦略」『Diamond Harvard Business Review』2010年1月号。）

第15章　下向き（フルーガル）・逆向き（リバース）イノベーション

れほど難しくないとの了解があった。しかし，新興国で求められるのは，新興市場スペックの下向きイノベーションである（**図表15-1**参照）。節約型（フルーガル）イノベーションともいう。これまでそれほど必要性を感じられなかった，そうしたタイプのイノベーションが求められるようになった。

　逆向きイノベーション

　人によっては，下向きイノベーションはただ単に市場適応の商品開発にすぎず，「イノベーション」という語に該当しないと考えるかもしれない。しかし，そうして生まれた下向きイノベーションが，新興国から先進国に移転され，先進国で新たに市場を創造したならば，それをどのように理解したらよいか。これまで，ヒト，モノ，カネ，技術などの無形資産は，先進国から発展途上国に移転するものと考えられてきた。先にも述べたように，先進国でコモディティ化した製品が，あるいは一部手直しした製品が新興国で上市された。

　しかしながら，現在では特定の新興市場向けに，用途を特定したり，性能を限定したりして開発され，上市された製品が先進国へ移転され上市されるだけではなく，新たな市場を開拓する事例が報告されている。同一製品であっても，新興市場と先進国では用途が異なる場合が多い。例えば，生産財として開発されたものが消費財になったり，固定用機器がポータブルな移動用として使用されたりする。先進国において，限定された機能の潜在的需要があるにもかかわらず，もともとは専門的用途であるがゆえに高価格高機能であった製品が限定機能の低価格になったおかげで，新たな用途の市場が生まれるというわけである。

　ここでのポイントは新たに開発された製品が先進国から新興国に移転されるのではなく，逆方向（リバース）に新製品が移転され，新たな市場が生まれるという点である（**図表15-1**参照）。これまでのイノベーションの常識が逆転したのである。

　「イノベーション」といえるか？

　イノベーションには何らかの新技術，新機軸（J.シュンペーターの5点）が不可欠と考える向きがあることも理解できる。しかし，下向きについても，逆

177

向きについても,これまでの常識に真っ向から反するという意味で,「下向き,逆向きイノベーション」というコンセプト自体がイノベーション(革新)であるとも考えられる[3]。実際,多国籍企業が進境著しい新興市場にどのように向き合うか,あるいは先進国市場における潜在需要をいかに探るかという意味でも,下向き,逆向きイノベーションには大いに学ぶべき点がある。新たな市場を開発するという点で,下向きも,逆向きも「イノベーション」と呼ぶことができるし,実務家にとっては顧客創造の起点になりそうである。

Column 15-3　パナソニックの逆向きイノベーション

　パナソニックの中国生活研究センターは,2005年頃,中国の家庭調査の結果から,奇妙な現象をつかんだ。90％以上の家庭に洗濯機があるのに,人々は下着を手洗いしていた。さっそく,聞き取り調査を行った結果,多くの消費者が上着についた細菌が洗濯機のなかで下着に移り,感染症の原因になることを恐れていることがわかった。

　洗濯機に殺菌機能がついていれば,この心配を払しょくできる。実際,複数の中国家電メーカーが銀イオンで衣類を殺菌する洗濯機を販売していたが,売れ行きははかばかしいものではなかった。消費者はそれらの会社を信頼できるメーカーとみなしていなかったのである。パナソニックブランドの信頼性は高く,当該製品を商品化できれば商機がある。

　パナソニックは上海交通大学と連携し,銀イオン技術の改良に成功し,殺菌機能付き洗濯機の開発に成功した。パナソニックブランドとともに,中国有数の高等研究・教育機関・上海交通大学のブランド力は高く,また殺菌効果のデータ公開も消費者に安心感を与えた。こうして,2007年の上市の翌年には,パナソニックの中国でのドラム式洗濯機のシェアは3％から一気に15％に上昇した。

　従来,新製品は先進国本国で開発,販売され,一定期間を経たのち新興市場で上市されるのが常であった。しかし,中国で開発された,この殺菌機能付き洗濯機は,除菌・消臭機能付き洗濯機として,日本に逆輸入されることになる。さらに,日本の消費者は食品の汚染に敏感であるため,冷蔵庫にも殺菌機能が標準装備されることになった。殺菌機能を白物家電に搭載するというイノベーションが新興国から先進本国に逆移転(逆向きイノベーション)されたのである。

(出所) Wakayama, T., J. Shintaku and T. Amano (2012) "What Panasonic Learned in China," *Harvard Business Review*, December (「パナソニックが中国市場から得た教訓　現地主義か,グローバル統合か」『Diamond Harvard Business Review』,2014年2月)を参照した。

第15章　下向き（フルーガル）・逆向き（リバース）イノベーション

3 事例と展望

 ホンダの二輪事業[4]

　ホンダの二輪事業は，1990年代，中国製のコピー製品が中国やベトナムなどの近隣諸国に大量に出回り，苦戦を強いられた。そうしたなか，ホンダが打った手は，年産60万台規模でホンダの二輪車のコピー製品を生産販売する，海南新大洲との折半出資の合弁会社設立であった。日本製二輪車は限られたスペースに軽量な部品を効率的に配置するインテグラル型の製品であった。しかし，中国製コピーは安価な部品をつなぎ合わせるだけのモジュール型製品であり，ほとんどは低品質で，耐久性に劣る二輪車であった。しかし，ホンダの合弁相手は，製品品質の水準も高く，安価な二輪車の効率的な生産においても学ぶべき点が多かった。また，海南新大洲には上海と海南に工場があり，中国全土に販売網を持ち，広範な調達ネットワークから安価な部品を手に入れることができた。

　ホンダはエンジンとその周辺部品に関しては従来の品質基準を維持する一方で，車体部分については品質要件を緩和し，コスト競争力を大幅に高めることができた。そして，それを可能にしたのが，ホンダが単独で開設した中国の研究開発拠点での設計，海南新大洲の安価な部品調達および生産技術であった。同時に，日本のマザー工場から長期・短期の駐在員が合弁会社に派遣され，日本的生産品質を確保するための指導が行われた。経営レベルでも，企業理念や運営方針はホンダ流を取り入れ，同社のホンダ化が進展することになる。これらの成果が価格競争力の高いWaveやベトナム向けの廉価製品Wave αであった。さらには，対日輸出用に開発されたTodayは日本相場の半額の価格競争力を実現することができた。

　この事例は，新興市場の現地企業と合弁を組むことで，低コストを実現するための生産技術を獲得し，安価な部品調達を可能にしたこと，そして一定レベルの品質を維持し，安価の新製品を開発するという下向きイノベーションに結実したことである。さらに，新興国向けに開発された技術を基に先進国向けの

新製品を開発，輸出することで先進国に新たな市場を創造する逆向きイノベーションを実現したことが特徴といえる。

 今後の展望

　新興市場の重要性が高まり，同市場を重点市場と位置付けるならば，新興市場に特化した製品開発，マーケティング活動を行うことは当然といえる。そうしたなか，下向きのイノベーションが求められるのであれば，それに応えることも自然である。そして，新興国向けの製品が形や用途を変えて，先進国市場に逆向きに移転されることで，支持を得て，新たな市場を開拓できるのであれば，それは喜ばしいことである。新興市場への期待の高まりが，こうした新たなコンセプトを生み出し，国際ビジネスに革新を引き起こしていることは，経営学を学ぶ際の楽しみであり，醍醐味でもある。

　その一方で，第8章の議論も思い起こしてほしい。市場の攻略でも，あるいは経営資源の活用においても，バランスの取れた先進国市場・新興市場戦略が長期的な競争優位につながると述べた。確かに，これまで多国籍企業は専ら先進国市場に注力してきたし，途上国については，TOP市場と一部MOP市場への二義的な関心でしかなかった。21世紀に入り，新興市場に本格的に向き合う企業が増えたことは自然な動きである。新興市場ビジネスに関心を寄せる者としてうれしい限りである。ただ，だからといって，先進国市場や先端技術分野の重要性が損なわれたわけではない。このことは，何度繰り返しても足りないくらいである。

　下向きのイノベーションは，多くの場合，限定した機能，低コストが特徴となろう。とすれば，どうしても設計においても，生産においても，オープンモジュール化が進行し，比較的短期間にコモディティ製品化するのではないか。先進国に導入される逆向きイノベーションについても同様である。価格競争に陥った製品で十分な利益を確保することは難しい。もう一点，技術者の動機付けとの関連からも，下向きイノベーションへの大幅なシフトは得策とはいえない[5]。技術者は，本来的に上向きイノベーションの開発においてこそ，強い動機付けが得られる。退化した技術に基づく製品開発が主流になるとすれば，技術者の動機付け，そして会社の技術能力の蓄積に多大な負の影響が及ぶことに

なろう。

　要は，先進国と新興国，長期と短期，技術の探索と活用（先端技術と既存技術，組織内経営資源と外部資源）をいかにバランスさせるかという経営の要諦に行きつく。バランスは全社一律ではないし，平均でもないし，時間の経過の中でダイナミックに変動すべきことは自明といえよう。このように，一見相反する事柄を最適化することが，組織にとって，企業経営にとって，そして個人にとっても，難しいが不可欠な永遠のテーマであることを強調しておきたい。

★考えてみよう

1. 任意のイノベーションの事例を挙げ，どこに新規性があるか考えてみよう。
2. 下向き・逆向きイノベーションを実現するため，多国籍企業組織は仕事の進め方をどのように変える必要があるだろうか，検討してみよう。
3. 先進国での最先端のイノベーションが軽視された場合，将来的に，どのような事態が発生しそうか想像し，意見交換してみよう。

★読んでみよう

1. Govindarajan, V. and C. Trimble (2012), *Reverse Innovation*, Boston, MA: Harvard Business Review Press.（渡部典子訳『リバース・イノベーション』ダイヤモンド社，2012年。）
2. 榊原清則（2012）「リバース（反転）イノベーションというイノベーション」『国際ビジネス研究』国際ビジネス研究学会，第4巻第2号。
3. Radjou, N., J. Prabhu and S. Ahuja (2012), *Jugaad Innovation*, San Francisco, CA: Jossey-Bass.（月沢季歌子訳『イノベーションは新興国に学べ！』日本経済新聞出版社，2013年。）

【注】

1 Vernon, R. (1966), "International Investment and international trade in the product cycle," *Quarterly Journal of Economics*, 80, 2, 190-207.
2 Radjou, N., J. Prabhu and S. Ahuja (2012), *Jugaad Innovation*, San Francisco, CA: Jossey-Bass.（月沢季歌子訳『イノベーションは新興国に学べ！』日本経済新聞出版社，2013年。）
3 榊原清則（2012）「リバース（反転）イノベーションというイノベーション」『国際ビジネス研究』国際ビジネス研究学会，第4巻第2号。
4 出水力（2007）「中国におけるホンダの二輪生産とコピー車対策」『大阪産業大学経営論集』第8巻第2号。
5 前掲，榊原（2012）を参照されたい。

索　引

英数

ASEAN …………………………… 104
BOP神話 ………………………… 165
BOPペナルティ ………………… 164
BRICs …………………………… 105
EMS ……………………………… 121
EPRGプロファイル ………………23
I-Rグリッド ………………………50
ITサービス ……………………… 127
M&A ………………………………42
OBM ……………………………… 120
ODM ……………………………… 120
OEM ……………………………… 120
STP ……………………………… 170

あ　行

アライアンス ………………………45
暗黒のアジア …………………… 115
アンバンドリング …………………11
移行経済国 ……………………… 104
イスラーム金融 ………………… 157
イスラーム思想 ………………… 152
イノベーション ………………… 173
インド・ウェイ ………………… 135
ウプサラモデル ……………………30
ウンマ …………………………… 153
王室財産管理局 ………………… 123
オープンモジュール …………… 180
親子会社間調整型 …………………71

か　行

カースト ………………………… 132
海外子会社 …………………………56
外国企業 ………………………… 118
開発独裁 ………………………… 130
外部環境 ……………………………28
外部経営資源 ………………………77
格差拡大 ……………………………10
華人企業家 ……………………… 122
関係資本 ………………………… 108
完成品 ………………………………11
間接投資 ……………………………19
簡素化 …………………………… 176
企業 ………………………………… 3
企業家 …………………………… 174
企業内貿易 …………………………14
客観的知識 …………………………83
競争優位 ……………………………65
空洞化 ………………………………21
クルアーン（コーラン）……… 150
経営資源 …………………………… 4
経験的知識 …………………………83
経済テクノクラート …………… 122
研究開発立地 ………………………92
権限分散型 …………………………69
現地法人 ………………………… 118
公式メカニズム ……………………55
合弁事業 ……………………………42
国営企業 ………………………… 117
国際化段階説 ………………………32
固有知識 ……………………………84

さ　行

サプライチェイン …………………12
産業内貿易 …………………………13
参入モード …………………………39
市場機能 …………………………… 6

183

市場取引	5	中間層	144
実存的知識	84	中小・中堅企業	32
自前主義	79	中進国の罠	104
シャーリア	153	直接投資	19
社内ネットワーク	22, 72	天然資源の呪い	144
ジュガード・イノベーション	176	統合ネットワーク	72
ジュガードの精神	136	得意分野	7
出資資本	20	トランスナショナル・モデル	66
初期参入	111	取引コスト	40, 108, 166
食餌規定	155		
新結合	173	**な 行**	
新興経済地域（NIEs）	101	内部環境	29
新興大国	105	二律背反	67
新興多国籍企業	94	人間開発指数（HDI）	139
人口ボーナス	122	ネットワーク	54
生産分業	13	粘着性	78
生産要素	9		
生産立地	89	**は 行**	
成長マトリックス	16	ハイアラキー	54
制度資本	108	配当	167
政府系企業	117	ハイリスクハイリターン	111
センター・オブ・エクセレンス（COE）	58	ハラール	155
全体最適	59	バリューチェイン	17
走出去	115	販売市場	90
ソーシャル・ビジネス	167	非公式メカニズム	55
ソフトウエア開発	127	ビジネス制度	106
		貧困人口	9
た 行		ファウンドリー	121
対外開放政策	9	ファミリービジネス	118
大競争時代	96	フラグメンテーション	11
対立命題	67	ペティ＝クラークの法則	130
多国籍企業	22	ヘテラルキー・モデル	67
ダブルループ学習	55	変換活動	18
地域統括会社	59	ボーン・アゲイン・グローバル	36
チェボル	120	ボーングローバル・カンパニー（BGC）	33
中央集権型	70		
中間財	14		

ま行

マグネット……………………………81
緑の革命……………………………129
民主主義……………………………129
無極化…………………………………89
ムスリム……………………………152
ムダーラバ（出資）………………158
メタナショナル・モデル……………78
モザイク模様………………………144
モジュラー・アーキテクチャ………12

や行

幼稚産業………………………………9
用途変更・用途限定………………175

ら行

ラマダーン…………………………150
立地資産……………………………107
理念モデル……………………………74
リバー（利子）……………………157
ロング・テイル……………………163

【著者略歴】

今井　雅和（いまい　まさかず）

専修大学経営学部・大学院経営学研究科教授。
1983年　上智大学外国語学部ロシア語学科卒業。
1994年　英国バーミンガム大学・社会科学修士（ロシア東欧研究）。
1995年　英国バーミンガム大学・経営学修士（MBA）。
1998年　早稲田大学大学院商学研究科博士後期課程単位取得退学。
1998年　高崎経済大学経済学部専任講師，助教授，教授を経て，2011年より現職。英国バーミンガム大学ロシア東欧研究センター客員研究員（2000-01年），米国ミシガン大学ビジネススクール・ウィリアムデビットソン研究所客員研究員（2002-03年）。
2012年　博士（商学）早稲田大学。

［専攻］　国際ビジネス論，新興市場ビジネス論。

［主著］　『ロシアの銀行セクターと個人向けローンビジネス』（単著）早稲田大学消費者金融サービス研究所，2004年（現パーソナルファイナンス学会研究奨励賞）。
『国際ビジネス研究の新潮流』（共著）中央経済社，2008年。『グローバル企業の市場創造』（共著）中央経済社，2008年。『新興大国ロシアの国際ビジネス』（単著）中央経済社，2011年（国際ビジネス研究学会・学会賞・単行本の部）。

［主な学会活動］　国際ビジネス研究学会常任理事，パーソナルファイナンス学会常任理事。

新興市場ビジネス入門
国際経営のフロンティア

2016年5月1日　第1版第1刷発行
2022年3月30日　第1版第3刷発行

著　者　今　井　雅　和
発行者　山　本　　継
発行所　㈱中央経済社
発売元　㈱中央経済グループ
　　　　パブリッシング

〒101-0051　東京都千代田区神田神保町1-31-2
電話　03（3293）3371（編集代表）
　　　03（3293）3381（営業代表）
https://www.chuokeizai.co.jp
印刷／昭和情報プロセス㈱
製本／㈲井上製本所

Ⓒ 2016
Printed in Japan

＊頁の「欠落」や「順序違い」などがありましたらお取り替えいたしますので発売元までご送付ください。（送料小社負担）
ISBN978-4-502-18801-5　C3034

JCOPY〈出版者著作権管理機構委託出版物〉本書を無断で複写複製（コピー）することは，著作権法上の例外を除き，禁じられています。本書をコピーされる場合は事前に出版者著作権管理機構（JCOPY）の許諾を受けてください。
JCOPY〈https://www.jcopy.or.jp　eメール：info@jcopy.or.jp〉

好評発売中

国際ビジネス研究学会賞（2011年度）受賞作

新興大国ロシアの国際ビジネス

今井　雅和〔著〕
A 5 判・308頁
ISBN：978-4-502-68340-4

新興市場に共通するビジネス遂行上障害となる制度要因とその背景，コストと対処法などを解説。社会主義の負の遺産についても十分検討しつつ，体制転換後約20年をへたビジネス立地としてのロシアの特質・魅力を明らかにする。

◆本書の主な内容◆

序　章　国際ビジネスの進化と本書のねらい・構成
第1部　ロシアのビジネス環境
　第1章　ビジネス立地としての魅力
　第2章　ビジネス制度と取引コスト
　第3章　社会主義の負の遺産
　第4章　ビジネス制度の進化
第2部　国際ビジネス理論の再検討
　第5章　国際ビジネス理論再考
　第6章　折衷パラダイム再考
　第7章　FLフレームワークの提案
第3部　事例研究
　第8章　ロシア企業による立地資産利用の事例
　第9章　ロシアの立地資産を活用する外国企業
　第10章　ビジネス制度への対応事例
終　章　国際ビジネスは市場との対話を通じて進化する

中央経済社